# GRINDHOUSE LOUNGE
## VIDEO WORLD
### Vol.1

©Andreas Port

### INTRO: ...NUR UM ETWAS KURZ KLAR ZU STELLEN

Willkommen in der wunderbar wahnsinnigen Video-Welt der Grindhouse Lounge, unsrer exzentrisch edukativen Entertainment-Leichenhalle, in der wir sowohl die glanzvollen cineastischen Kunstwerke, als auch den klebrigen Bodensatz aus den untersten Regalen der glorreichen Videotheken-Ära exhumieren und auf den Autopsietisch der Gegenwart schmeißen.

Die Video World ist der Vielfalt der explotativen Unterhaltung gewidmet. Sie soll aufzeigen und aufklären, unterrichten und unterhalten, urteilen, aber nicht verurteilen; doch vor allen Dingen soll sie begeisterte Filmliebhaber mit den Perlen entarteter Filmkunst jeden Genres vertraut machen; den Bekannten, den Unbekannten, und auch den Verkannten.

Denn, ungeachtet aller Ansprüche die man an einen Film stellen kann, letztlich zählt nur ein Einziger -, da kann ein Film noch so schlecht sein, - und zwar, dass er unterhält.

Also liebe Leser, holt euch ein kaltes Bier, lehnt euch entspannt zurück, blättert um und lasst denn Wahnsinn einfach auf euch einprasseln. Ihr seid keinen Augenblick in Gefahr.

Hochachtungsvoll
Andreas Port

## INHALT:

2. Nackt und Zerfleischt
9. Snake Eater
14. Carnosaurus
21. Red Force 3
25. Hello Mary Lou: Prom Night II
29. Der Monster-Hai
32. Die Klasse von 1999
38. Creatures from the Abyss
43. C2 – Killerinsect
46. Dead Heat
51. Kinder des Zorns 3

**Italien - 1980**
**Originaltitel:** Cannibal Holocaust
**AKA:** „Cannibal Massaker", „Die letzten Kannibalen", „Jungle Holocaust", „Jungle Holocaust" u.e.m.

Nach dem Verschwinden eines Filmteams, das in der „grünen Hölle" des Amazonas eine Dokumentation über indigene Kannibalenstämme drehen wollte, wird der Wissenschaftler Dr. Monroe vom produzierenden Sender entsandt, um Klarheit in die Sache zu bringen.
Nach einer gefährlichen und aufreibenden Reise durch den Dschungel, findet er schließlich, beim Stamm der sogenannten Baummenschen, die sterblichen Überreste der Filmemacher und kann deren Kameras und Bänder bergen und zurück nach New York bringen.
Dort bringt die Auswertung des Videomaterials Ungeheuerliches zu Tage.
Denn die vier Dokumentarfilmer waren in Wirklichkeit ausgewachsene Soziopaten, die, der spektakulären Bilder wegen, Mord, Vergewaltigung und Terror über die Eingeborenen brachten; bis diese sich schließlich, auf ebenso grausame Weise rächten.

Wenn es um umstrittene Subgenres des Horrorfilms geht, dann hat, in Sachen Kontroverse, der sogenannte Kannibalenfilm ganz klar die Nase vorn.
Sei es die teils extrem grafische Darstellung von Gewalt und Perversionen, der unnötige Einsatz von Tiersnuff-Aufnahmen, oder (schlicht und ergreifend) die qualitative Wechselhaftigkeit entsprechender Outputs. Streit- und Angriffspunkte sind zuhauf vorhanden.

Was Letzteres betrifft, kann man die Zahl guter Kannibalenfilme tatsächlich an einer Hand abzählen; von denen der wohl bekannteste Ruggero Deodatos „Cannibal Holocaust" ist, der nicht nur eine echte Welle gleichartiger Streifen lostrat, sondern Deodato, wegen seiner extrem realistischen Gewaltdarstellungen ein Gerichtsverfahren einbrachte, bei dem der Regisseur beweisen musste, dass während des Drehs keine realen Tötungen von Menschen stattfanden.

Schaut man sich den Inhalt von „Cannibal Holocaust" an, kann man hier von geradezu göttlicher Ironie sprechen; geht es im Film doch eben um Filmemacher, die für gutes Bildmaterial über Leichen gehen.

Inspiriert von der Berichterstattung über die rote Brigade, bei welcher die italienischen Medien, nach Deodatos Meinung, zu Gunsten einer möglichst reißerischer Darstellung, sowohl ethische, als auch journalistische Grundsätze vernachlässigten -, auch gab es den Verdacht, dass einzelne Kamerateams aktiv in das Geschehen eingriffen und Bildmaterial inszenierten, - strotz „Cannibal Holocaust" nur so vor beißender Medien- und Zivilisationskritik; ohne dem Zuschauer dabei aber einen moralischen Kompass aufzuzeigen.

So inszenierte Deodato im doppelten Sinne selbstzweckhaft und spielte dabei mit dem Voyeurismus des Publikums, dem auch die Popularität des vorangegangenen Mondofilms geschuldet war, aus dem sich das Kannibalengenre sozusagen als Abspaltung einzelner Elemente entwickelte.

Der, nichtsdestotrotz ungemein fesselnde, Handlungsablauf gestaltet sich daher bewusst nüchtern und unaufgeregt; wirkliche Spannungskurven, oder Momente offener Dramatik gibt es wenige.

Stattdessen gibt es, in immer kürzeren Abständen, immer extremere und grafischere Darstellungen von Grausamkeiten (von Vergewaltigung, über Verstümmelung von

Genitalien, bis zu Entweidungen, ist alles dabei), die so ausgewalzt werden, dass sie über die Befriedigung explotativer Blutgier hinausgehen.
Der Witz an der Sache ist nun, dass dadurch die Gewalt im Film nicht mehr auf einen Effekt reduziert wird, sondern zu einem tragenden Element von „Nackt und zerfleischt" wird.
Hier wird dem Zuschauer die Gewalt nicht geboten, sie wird ihm aufgezwungen, da dem Gezeigten keinerlei Unterhaltungswert beiwohnt.
Sogleich zeigt es ihm aber eben auch die eigene Sensationslust auf. Denn, warum sollte man sich so Etwas freiwillig antun, wenn es nicht unterhält?

Unterstrichen wird das durch die, in der ersten Hälfte, eher distanzierte Darstellung, bei welcher Hauptfigur Monroe das grausige Treiben der vermeidlich wilden Naturvölker aus der Distanz, mit eher wissenschaftlicher Neugier, beobachtet und diese, als Bräuche erklärt, sogar einer gewissen zivilisatorischen Ordnung unterworfen sind, während in der zweiten Hälfte, durch den Found-Footage-Stil intensiviert, die perversen Untaten des Kamerateams als pure Bosheit einzuordnen sind; wodurch die Frage aufgeworfen wird, wer die wahren Wilden sind.

Natürlich würde das alles nicht funktionieren, wenn hier nicht, vor und hinter der Kamera, wahre Talente am Werk gewesen wären.
So war (und ist) Regisseur Ruggero Deodato („Das Concorde-Inferno", „Cut and Run", „Der Schlitzer" u.v.m.), ein fester Routinier des italienischen Sleaz-Kinos und hatte im Genre bereits bei „Mondo Cannibale 2 – Der Vogelmensch" Erfahrungen mit den Mechanismen des Kannibalenfilms gesammelt und war auch für die Geschichte und das Drehbuch verantwortlich. Unterstützt wurde er dabei vom

Drehbuchautor Georgio Stegani (u.a. „Ein Sommer voller Zärtlichkeit"), der für die Dialoge verantwortlich war.

Die großartige Kameraarbeit bewerkstelligte Sergio D´Offizi (u.v.a „Giant Killer", „Thunder 2"), der, fernab aller Grausamkeiten, auch die Schönheit der umgebenden Natur in ebenso prachtvollen, wie wuchtigen Bildern einfing.
So prachtvoll und wuchtig, dass Regielegende Sergio Leone persönlich Deodato einen Brief schrieb, in dem er die Cinematografie der zweiten Hälfte des Films als Meisterstück des Realismus bezeichnete, zugleich aber prophezeite, dass Deodato damit noch Probleme bekommen würde.
Was nicht nur an den ultrarealistischen Effekten von Aldo Gasparri (u.v.a „Amazonia – Kopfjagd im Regenwalt") lag, sondern auch an den realen Tiertötungen, die für den Film vollzogen wurden und Tierschützer rund um die Welt gegen ihn aufbrachten.
Kein Wunder, sind die sogenannten Tiersnuff-Szenen nicht ohne. Besonders ist da die ausgewalzte Tötung und Zerlegung einer Schildkröte zu nennen, welche nicht nur stilistisch, sondern auch in Sachen Schockwirkung mit den späteren Massaker an der Filmcrew gleichauf ist.
Im Übrigen sollen, laut Deodato, alle getöteten Tier später von der Crew verspeist worden sein.

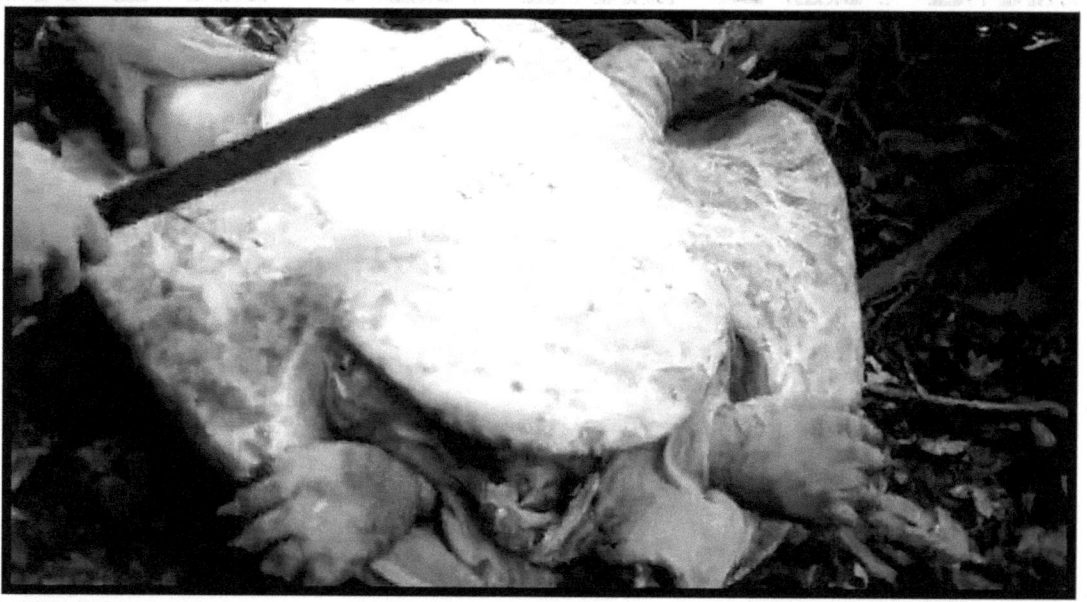

Die bereits erwähnten rechtlichen Probleme bekam Deodato dann aber doch mit den im Film dargestellten Morden an Menschen, wofür er verhaftet und vor Gericht gestellt wurde.

Besonders knifflig dabei wurde, dass die Darsteller der Filmcrew sich vertraglich dazu verpflichtet hatten, nach dem Dreh für ein Jahr unterzutauchen, um den Eindruck zu erwecken, sie wären tatsächlich gestorben; weshalb man sie erstmal ausfindig machen musste, damit sie vor einem Richter Deodatos Unschuld bezeugen konnten.

Auch problematisch soll die ikonische Szene mit der gepfählten Eingeborenen gewesen sein, welche in Wirklichkeit auf einen Fahrradsattel gesetzt wurde und symmetrisch dazu einen Stiel auf Weichholz in den Mund nehmen musste.

Insgesamt mussten alle Darsteller sehr viel über sich ergehen lassen.
So durfte Italo-Urgestein Robert Kerman („Lebendig Gefressen", „Nena – Das geile Biest von Nebenan 1 – 3" u.v.m.) nicht nur blank ziehen und sich von ein paar Mädels am Lümmel herumzupfen lassen, sondern musste auch kräftig in rohes Gekröse beißen, während die zuvor unbekannte Francesca Ciardi ( u.a. „Das blonde

Mysterium"), so manchen ihrer Co-Darsteller über sich hat rüber rutschen lassen müssen. An intensiven und gutem Spiel mangelt es aber beim gesamten Cast nicht.

Zu guter Letzt sei noch die musikalische Arbeit von Riz Ortalini („Nackt über Leichen" u.v.m.) hervor zu heben, dessen, zwischen Schönheit und gnadenloser

Düsternis springenden, Kompositionen für ein Wechselbad der Gefühle sorgen und einen durchweg perfekten Film abrunden.

**Zusammengefasst:** „Cannibal Holocaust" ist nicht nur der beste Kannibalenfilm aller Zeiten, sondern auch insgesamt eine Meisterwerk der Filmkunst.
Auch wenn er der Explotation zuzuordnen ist, so sollte man ihn nicht allein auf Unterhaltungskino für blutdurstige Horrorfreaks reduzieren; ganz besonders auch, weil er eben die Stilmittel dieser benutzt, um den Voyeurismus des Zuschauers aufzuzeigen, und nicht nur zu befriedigen.
Von oben genannte Punkten mal abgesehen, ist es aber auch ein ungemein fesselnder und intensiver Schocker der härtesten Sorte und Terrorkino in Perfektion.

**FREIGABE UND ZENSURHINTERGRÜNDE:** In Deutschland, sowohl im Kino, als auch auf VHS, nur zensiert mit FSK:ab18 erschienen, wurde diese Fassung zudem noch indiziert. Die viel später erschienenen ungeschnittenen VHS und DVD´s von Astro und Laser Paradise wurden sogar wegen §131 Gewaltverherrlichung beschlagnahmt.

Aber auch in vielen anderen Ländern hatte der Film Probleme mit der Zensur. So erschien „Cannibal Holocaust" u.a. auch in Großbritannien nur zensiert, landete dort auf der Liste der berüchtigten Video Nasties (was in etwa einer Beschlagnahme gleichkommt) und wurde dort bis heute nicht ungeschnitten veröffentlicht. Wobei die Zensuren der neueren Fassungen lediglich die Tier-Snuff-Szenen betreffen.

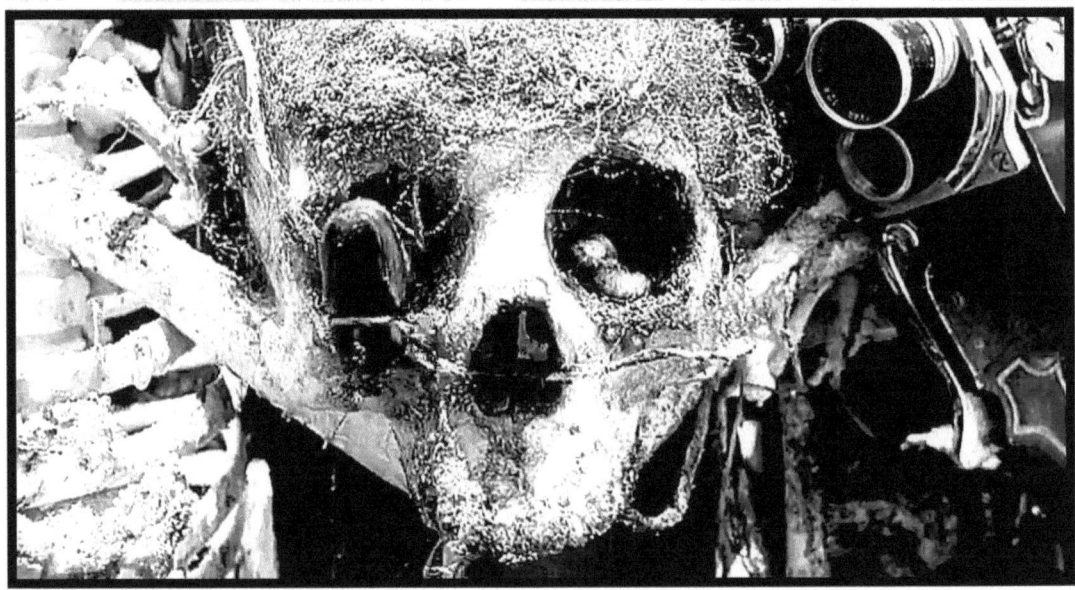

**USA - 1989**

Der Tag hätte doch etwas besser laufen können für den etwas hitzköpfigen Cop Jack „Soldier" Kelly, der zuerst vom seinem Chef suspendiert wird, weil er bei einem Undercovereinsatz zwei Drogendealer, mittels Falle, mit den Füßen am Boden einer Crackhöhle festgepinnt hat, dann in eine Schlägerei in seiner Stammkneipe gerät und zu guter Letzt wird ihm auch noch Mitgeteilt, dass seine Eltern bei einem Bootsausflug in den Sümpfen abgefackelt wurden und seine süße Schwester vermisst wird.
Verantwortlich dafür zeichnet sich eine Bande degenerierter Hinterwäldler, die Mutti und Vati über den Jordan geschickt und das Schwesterchen, zwecks Fortpflanzung, entführt und in einen Schuppen gesperrt haben.
Klar, dass der Kampf- und Fallen-Experte Soldier -, der als Elite-Soldat zu der Spezialeinheit der sogenannten „Sneak Eater" gehörte,- sich auf die Suche nach ihr macht und der inzuchtgeschädigten Rabaukentruppe ordentlich Feuer unterm ungewaschenen Arsch macht

Es begab sich 1989, da fühlte sich Lorenzo Lams, nach über 10 Jahren als TV-Serien-Darsteller (u.a. in „Hotel", „Rech und Schön" und „Falcon Crest"), zu Höherem berufen und fand schlussendlich seine Nische im B-Action-Fach, um der Alpha-Proll unter den amerikanischen Actionhelden zu werden.
Den Start dieser ruhmreichen Karriere, die so ansprechende Spitzen-Klopper wie „Viper – Ein Ex-Cop räumt auf", „Head Hunter", die beiden „C.I.A"-Filme und die beliebte Kopfgeldjäger-Serie „Renegade" hervorbrachte, begründet der quasi für nen Apple und ein Ei inszenierte Am-Sack-Kratz-Actioner „Sneak Eater", auf welchen sogar noch zwei Fortsetzung folgen sollten.

Und was soll man über „Snake Eater" sagen? Wie könnte man diesen glorreichen Meilenstein der Filmgeschichte mit einem einzigen Wort umschreiben, dass der Essenz aller damit einhergehenden Eindrücke gerecht wird?
Ganz einfach: Ranzig!
Ja, das erste Abenteuer des Schlangenfressers (der übrigens in keinem der drei Filme dazu gekommen ist eine Schlage zu verspeisen) ist ein ausgewachsener Bierschiss von Film.
So primitiv, simpel und schäbig, dass ihn jeder Freund ausgewachsener Actiongülle zehn Meter gegen den Wind wittert (was geruchstechnisch ungefähr einer Mischung aus Achselschweiß, Gammelzähnen und Fotzensaft entsprächen dürfte).

Zunächst sei mal angemerkt, dass „Snake Eater" kein B-Movie ist, sondern breitbeinig durch C-Gefilde schippert, und gelegentlich sogar noch ein Stück weiter in die Untiefen der Anspruchslosigkeit abtaucht.
Kamera, Effekte, Stunts, Darsteller… Kann man alles (mehr, oder weniger) in die Tonne kloppen.
Sein mickriges Budget kann man „Snake Eater" zu jeder Zeit ansehen; und dies so deutlich, dass die Inszenierung zuweilen gar einen semi-professionellen Eindruck macht.
Hier hat George Erschbamer, der später auch durchaus solide B-Ware (wie etwa die Dudikoff-Vehikel „Outgun" und „Harball") abliefern sollte, noch geübt. War dies doch gerade mal seine zweite Regie-Arbeit, nachdem er zuvor eine Episode der Kult-Serie „Airwolf" in Szene setzen durfte.
Immerhin: Atmosphärisch ist „Snake Eater", durch sein mickriges Budget und Erschbamers grobschlächtige Inszenierung, so dreckig geraten, dass man danach das Bedürfnis verspürt duschen zu gehen.
Leider mangelt es dafür an richtiger Action. Von zwei, drei Stunts, einer (grandios bekloppten) Barschlägerei und einer Schießerei im Finale abgesehen, gibt's an der Front nicht viel zu sehen; und dementsprechend auch etwas Leerlauf an der einen, oder anderen, Stelle.

Sowieso ist es etwas schwer „Snake Eater" als richtigen Actionfilm zu bezeichnen, da gut 70% eher im Backwood-Genre einzuordnen sind.
So ist die verlauste Hillbilly-Antagonisten-Truppe so stereotyp, dass zur Parodie nur noch die Banjo-Klänge fehlen. „Beim Sterben ist jeder der Erste" und „Die letzten Amerikaner" lassen hier herzlichst grüßen.
Zudem sind die Inzuchtbrüder so überzeichnet fies und notgeil geraten, dass der Film sich zuweilen wie ein Rape-and-Revenge-Streifen anfühlt; auch wenn eine Vergewaltigung dem Zuschauer erspart bleibt. Wobei der Versuch nicht ausbleibt.
Dafür ist aber schon der Mord an Soldiers-Eltern sehr böse geraten und erinnert leicht an den Wohnwagen-Überfall aus „The Hills have Eyes".

Umso befremdlicher wirkt das Ganze dann in Verbindung mit der an Copfilm und vor allen „Rambo" angelehnten Hauptfigur, die nicht nur vor Männlichkeit kaum laufen kann, sondern auch ständig einen locker-blöden Spruch auf den Lippen hat.

*„Jack Kelly, ehemaliger Marieninfanterist und Geheimagent, wurde heute tot aufgefunden. Die Todesursache ist eine exzessive Masturbation, aufgrund extremer Langeweile, während er auf einen Drogendealer wartete.*
*Kelly, bei seiner Legion von Fans als Soldier bekannt, erblindete während er sich dumm und dämlich wichste und auf die bösen Jungs aus der Nachbarschaft wartete. Laut der Aussage seines Vorgesetzten Leutnant Louis Bolder, war dies der dritte Masturbations-Tod. Unglaublich was einem so passiert."* – Jack „Soldier" Kelly

A pro Po „Locker-Blöd": Trotz (und auch wegen) aller Unzulänglichkeiten ist „Snake Eater" sehr unterhaltsam geraten.
Was vor allen Dingen daran liegt, dass der Film sich nicht sonderlich ernst nimmt und eine gehörige Portion (strunz dummen) Humor mitbringt, welcher zudem in der deutschen Fassung durch die launige Synchronisation unterstützt wird.

Klar, der Humor ist nun nicht auf dem subtilen akademisch Niveau, wie es anspruchsvolle Dichter und Denker gern hätte, und wenn Soldier einem eben verprügelten Gegner, zur Belustigung der Anwesenden, auch noch einen Zahn mit einer Zange zieht, ist das so witzig, wie ein Eisbär der ein Robbenbaby frisst (Haha, blödes Robbenbaby!) und Gewaltverherrlichung in Reinkultur, aber auch so abartig stupide, dass es doch wieder Spaß macht.

Im Übrigen unterstreicht der gerade angesprochene Gag die unfassbar reaktionäre Grundstimmung von „Snake Eater", die sich einzig mit solchen 80er-Krachern wie „City Cobra" und „Death Wish 3" messen kann; dessen Held zudem so verdammt macho ist, wie ausgeprägtes Brusthaar und Bremsspuren im vergilbten Feinripp. Welcher von Lorenzo Lamas sehr locker und mit einem Augenzwinkern gespielt wird.
Als widerlichen Konterpart gibt es Robert Scott ( „Ein Klassemädchen"), der den Anführer der Hinterwäldler spielt und auch der einzige erinnerungswürdigere Darsteller in „Snake Eater" ist; denn den Rest kann man getrost vergessen.

Der Härtegrad ist übrigens angenehm hoch; auch wenn dem Film deutlich mehr Blut sehr gut getan hätte. Dies gibt's einzig bei „Soldiers" schön rabiaten Fallen und bei der finalen Ballerei wirklich zu sehen.

Ach ja, Titten gibt's natürlich auch zu bewundern.

Die Darstellung dieser wurde aber sehr raffiniert in die Handlung integriert, so dass nicht der Verdacht des Selbstzwecks entstehen könne. ...Das war natürlich nur ein Witz, die Entkleidung während des Undercovereinsatzes hätte genauso gut aus einem Porno stammen können.

**Zusammengefasst**: Auf jeden Level schäbig-ranzige und strunzdoofe Actiongülle aus dem untersten Fach des Videoregals, die aber trotzdem ungemein unterhaltsam ist. Das filmische Pendant zu „Dumm fickt gut" sozusagen.
Fairerweise muss man aber noch anmerken, dass das Titellied „Soldier" (wie könnte es auch anders heißen?) gut gewählt und stimmig ist.

**FREIGABE UND ZENSURHINTERGRÜNDE**: In Deutschland von jeher ungeschnitten mit FSK:ab18er-Freigabe erschienen und indiziert. Auf DVD gibt's den Film ungeprüft von NSM Records.

# CARNOSAUR

**USA - 1993**
**Deutscher Titel:** Carnosaurus

Törö! Törö!...
In den amerikanischen Wüsten-Backwoods stimmt irgendwas nicht so recht. Hühner bringen Reptilien zur Welt, eine tödliche Seuche macht sich breit, die Frauen dazu bringt Eier zu legen (ratet mal was drin ist) und blutgierige Dinos knabbern feierwütigen Teenagern das Gekröse aus dem Rumpf.
Schuld an all dem Übel ist die verrückte Wissenschaftlerin Dr. Tirtree, die die Menschheit gern ausgerottet sehen möchte und die Erde den Dinosauriern überlassen will.
In die Wirren der künstlich eingeleiteten Reptilien-Apokalypse geraten der versoffene Wachmann „Doc" Smith, die zickige Öko-Tante Ann und der örtliche Sheriff Fowler, die den Kampf gegen die menschenfressenden Retorten-Dinos aufnähmen,…oder es zumindest versuchen.
Denn zu allem Überfluss schaltet sich auch noch die Regierung ein und startet sehr rabiate Aufräumarbeiten.

Anno 1991, als langsam die Runde machte, dass Steven Spielberg an seinem „Jurassic Park" arbeitete und schnell absehbar war, dass er damit einen Arsch voll Kohle in den Lichtspielhäusern einspielen würde; machte sich auch B-Movie-Legende Roger Corman seine Gedanken, wie man an dem um sich greifenden Hype, rund um die schuppigen Uhrzeitviecher mitverdienen könne und schickte sein treues Weibsvieh Julie Corman los, um den Autor John Brosnan (der 1984, also noch vor Micheal Crichton, mit „Carnosaur", unter dem Pseudonym Harry Adam Knight, eine eigene, in Ansätzen ähnlich gelagerte Dinosauriergeschichte geschrieben hatte) in seiner Lieblingsbar (genauer gesagt, in seinem Drinking Club) abzufüllen und als Drehbuchautor des eigenen Dino-Konkurrenzprodukts zu gewinnen.
So jedenfalls lautet die Legende darum, wie es dazu kam, dass der Autorenvertrag für „Carnosaur" auf einer Serviette niedergeschrieben und mit Brosnan´s wackliger Unterschrift beschlossen wurde.
Und ganz so abwegig erscheint die Geschichte auch nicht, wenn man bedenkt, dass Brosnan später von dem Deal zurücktreten wollte, als ihm klar wurde, dass man mit dem Budget von nur einer Million Dollar gegen Spielbergs potenziellen Megablockbuster zu Felde ziehen wollte.
Seine größten Bedenken waren dabei, dass man -, aufgrund des knappen Budgets,- vor allen Dingen bei den Dino-Szenen Abstriche machen und diese in ihrer Menge reduzieren wollte; woraufhin ihn Roger Corman zusicherte, er könne Schreiben was er wollte und es würde im Film, ohne Anpassungen, umgesetzt werden.
Tatsächlich aber, herrschte nach dem ersten gesendeten Drehbuch-Entwurf Brosnans plötzlich totale Funkstille seitens Corman und seiner Filmschmiede New Horizon.
Gewandert waren die Papiere in die schmierigen Hände von Regisseur Adam Simon (u.a. „Brain Dead"; nicht zu verwechseln mit Peter Jacksons Kult-Splatter-Bombe); welcher sich das Skript so gehörig rupfte und veränderte, dass John Brosnans Beteiligung in den Credits letztlich nur noch auf die Vorlage („Original Story") reduziert wurde.
Und schaut man sich das fertige Endprodukt an, so dürfte Brosnan letztlich gar nicht allzu unglücklich drüber gewesen sein.
Denn mit Ruhm hat sich bei „Carnosaurus" -, der es sogar noch einen Monat vor „Jurassic Park" in die US-amerikanischen Kinos schaffte, - keiner der Beteiligten bekleckert.

Und da wir schon beim Drehbuch sind, können wir auch gleich damit anfangen; zumal der Film an der Front am meisten kränkelt.

Wie Brosnan befürchtete, wurden gerade die Szenen mit den Dinosauriern auf das Allernötigste reduziert und der Film dessen statt mit jeder Menge schnarchiger Dialog-Szenen vollgestopft, die „Carnosaurus" regelmäßig ausbremsen und bei denen nur pseudowissenschaftlicher Blödsinn, oder Sozialkritisches (mit der Subtilität eines Holzhammers) vor sich hin geschwafelt wird.

*„Man muss sich das einmal vorstellen: In vielen Millionen Jahren, vielleicht. Ein grüner, fruchtbarer Planet, voll von friedvollen Lebewesen, bei denen ausschließlich der schöpferisch, spirituelle und intuitiv-geniale menschliche Verstand in einer übergroßen Kreatur verschmelzen, die in ihrer unglaublichen Widerstandskraft alles übertrifft, was auf der Erde jemals gegangen, geflogen, oder geschwommen ist. Ooooh...*
*Die mutierte Inkarnation, der über allem schwebenden göttlichen Intelligenz. "*
- Dr. Jane Tiptree.

Dazu muss man sich mal vor Augen halten, dass „Carnosaurus" ein Film ist, in dem Frauen Riesen-Eier gebären, aus denen menschenfressende Dinosaurier schlüpfen; und dass gerade so ein Film seinem Publikum keine Ruhepausen liefern sollte, die es dafür nutzen könnte, über den gesehenen Schwachsinn nachzudenken...
Nein, da muss jede Menge Action, Blut, Titten und Tempo rein; und zwar von Anfang bis zum Ende! ...Und auch etwas Selbstironie könnte nicht schaden.
Und Scheiß auf sowas wie Logik (bzw. den Versuch das Gezeigte logisch zu erklären), da der Drops, allein schon wegen der Grundprämisse (Frauen...Rieseneier...Dinosaurier), längst gelutscht ist.
Leider aber ist es nun so, dass sich „Carnosaurs" als ernster ÖKO-Horror verstehen möchte und mit vier sporadisch ineinandergreifenden Handlungssträngen -, von denen einer, zu allem Überfluss, eine absolut sinnlose Liebesgeschichte enthält,- versucht seine Geschichte in voller Ausführlichkeit zu erzählen. Eine Geschichte über Frauen, die Rieseneier gebären, aus welchen menschenfressende Dinosaurier schlüpfen!
Wobei nicht mal das gelingt; da die Handlung nicht nur kaum ein Klischee des Tierhorror-Genres auslässt, sondern auch (wahrscheinlich dank Adam Simon´s Bearbeitung) absolut sprung- und lückenhaft daherkommt; und logische Fehler und Ungereimtheiten im Minutentakt aufträten.
Wie etwa, warum die Militärs für die Exekution eines Infizierten sechs(!) Mann brauchen und dann alle sechs auch ihre Magazine leer ballern, oder warum die Soldaten in Schutzanzügen rumlaufen, während der Befehlsstab(!) sich ohne jeden Schutz um eine Infizierte versammelt, um diese zu begutachten. Soviel dazu.
Aber, was erwartet man auch von einem Film, in dem Frauen Rieseneier gebären, aus denen menschenfressende Dinosaurier schlüpfen?

Was die Inszenierung angeht, wird hier zwar kein Blumentopf gewonnen, jedoch muss man Adam Simon immerhin routiniertes Handwerk zugestehen.
Auch wenn seiner Inszenierung fast jeder Schwung und die Dynamik fehlt (von den Dino-Szenen mal abgesehen), so hat er doch das ein oder andere stimmige Bild eingefangen und kann ein Mindestmaß an schwermütiger Atmosphäre generieren.
Bei einem Gesamtbudget von unter 900.000 Dollar (was auch schon in den 90ern wirklich nicht viel war) eine durchaus akzeptable Leistung.
Grandios übrigens die Schleichwerbung für Coca Cola, wenn bei den Besprechungen der verschwörerischen Regierungs-Clique die rot-weißen Dosen auffällig präsent das Gesamtbild verfeinern.
So ganz nebenbei war „Carnosaurus" auch der letzte Spielfilm den Simon inszenieren durfte, oder wollte. Als Drehbuchautor blieb er aber weiterhin tätig (zuletzt bei der Horror-Serie „Salem").
Auch die meisten der im Film vertretenen Darsteller waren bei Entstehung dieser Zeilen noch als solche tätig.

Allen voran, die Hauptdarsteller Raphael Sbarge („The Hidden 2", „Home Room" u.v.m.), als versoffener Held, und Diane Ladd („Der Kuss vor dem Tode", „Raging Angels"), als Mad-Scientist mit Dino-Fetisch, dürfte man sicher in irgendwann mal in den vergangen 20 Jahren in einer TV-, oder Serienproduktion gesehen haben; in Irgendeiner. Dann wahrscheinlich auch mit mehr Schwung und Begeisterung, denn als besonders lustvoll kann man das Spiel der Beiden in „Carnosaurus" nicht bezeichnen.

Gleiches gilt für Harrison Page („Sledge Hammer", „Bad Ass"), der als Dorf-Sheriff, über Tatorte stolpert, bei einer Autopsie zugeben sein darf und sich schließlich einen Stand-Off mit einem Raptor liefert.
Ansonsten sind auch noch fies Gucker Ned Bellamy („Django Unchained", „SAW"), als zwielichtiger Pentagon-Oberfutzi und B-Movie-Vehikel Clint Howard („Ice Cream Man", „C2-Killerinsect" u.v.m.) als Statist auszumachen.
Beide sind mehr der Rede wert, als die zweite Hauptdarstellerin Jennifer Runyon („Desert Force", „Das turbogeile Gummiboot"), als Öko-Trulla Trish, die danach ihre Schauspiel-Karriere an den Nagel gehängt hat.
Insgesamt schienen einfach alle gewusst zu haben, worauf sie sich eingelassen haben und dass da nicht viel bei rumkommen konnte.
**Lustiger Fakt am Rande:** Diane Ladd ist die Mutter von Laura Dern, die eine der Hauptrollen in „Jurassic Park" bekleidete.

Das „Carnosaurus" kein Totalausfall ist, hat er Carl Buechler und seiner Effektarbeit zu verdanken.
Nicht etwa, dass die Effekte gut seien (dass wir uns da nicht falsch verstehen), ganz im Gegenteil, doch bringen die den nötigen Schuss (unfreiwilligen) Humor in die vorherrschende Tristes.

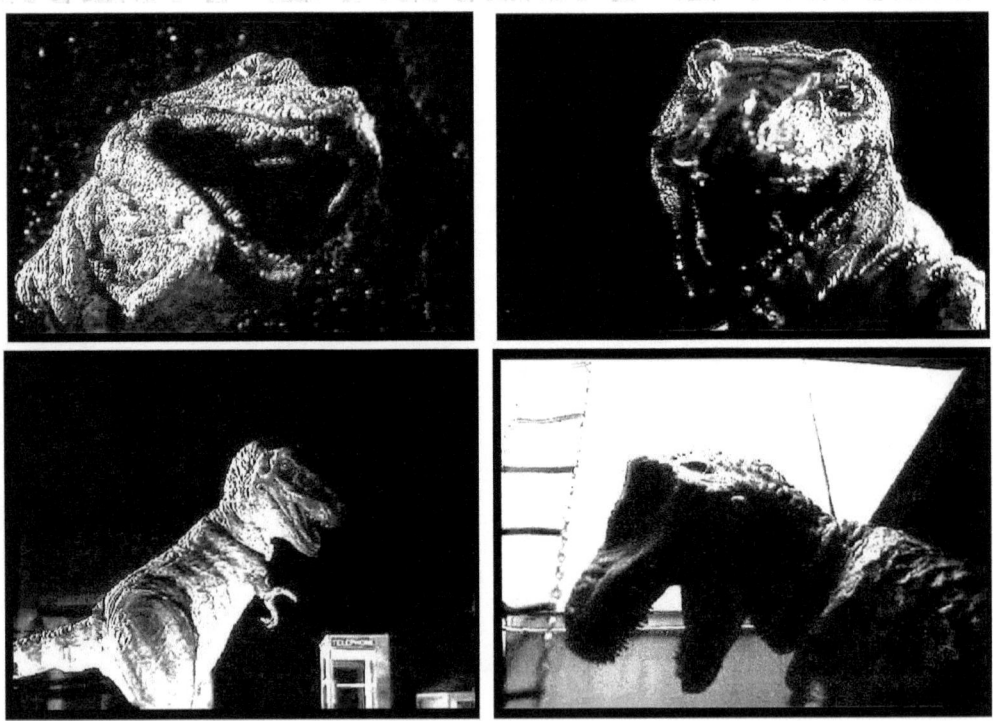

Wenn etwa der Angriff eines Handpuppen-Raptors aussieht wie Kermit der Frosch im Blutrausch, oder besagter Raptor später an einem abgerissenen Bein knabbert, wie an einem Hähnchenschenkel, dürfen Trash-Fans, vor Freude, mit den Ohren schlackern.
Was nicht zuletzt auch daran liegt, dass Buechler und sein Team von Magical Media Industries Inc. nur 6 Wochen Zeit (und merklich begrenztes Budget) hatten, um die Effekte drehfertig zu kriegen. Dementsprechend sehen die Dinos auch absolut lächerlich aus; sind dafür aber immerhin alle von Hand gemacht und frei von CGI-Unterstützung ins Leben gerufen worden.
Ein weiterer Pluspunkt der Dino-Szenen ist, dass es dabei meist schön blutrünstig zugeht und anständig die Fetzen fliegen. So kommen immerhin die Gorehounds auf ihre Kosten, wenn mal ein paar Eingeweide aus der Bauchhülle gerissen, ein Kopf abgezupft, oder ein Gesicht gefressen wird.

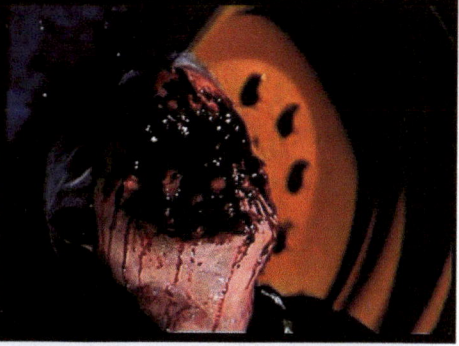

Für Roger Corman ging die Rechnung übrigens auf. Der Film spielte mehr als das doppelte seiner Kosten an den Kinokassen ein und war somit ein Erfolg, der zwei (bessere) Fortsetzungen rechtfertigte.
Zudem entstand aus den Dino-Szenen der drei Filme, im Copy-and-Paste-Verfahren, das B-Movie „Raptor".

**Zusammengefasst:** Leider ein, an allen Ecken und Enden, sehr liebloser Versuch auf der Dino-Welle mit zu schwimmen und damit Gewinn zu machen, an dem die schlecht getricksten Dino-Szenen -, des unfreiwilligen Humors und einer großen Portion Blut sei Dank, - sogar noch das Beste sind.
Der Rest dümpelt schnarchig, lustlos und spannungsfrei, wenn auch mit einem Mindestmaß an Atmosphäre, vor sich hin.

**FREIGABE UND ZENSURHINTERGRÜNDE:** In Deutschland zunächst nur zensiert mit FSK:ab18 auf VHS erschienen, folgten später auf DVD auch ungeschnittene Veröffentlichungen mit gleicher Freigabe und stärker gekürzte FSK:ab16-Fassungen.
ACHTUNG: Die 18er-DVD von Laser Paradise entspricht der alten VHS-Fassung.

# RED FORCE 3

Hong Kong - 1989

**Originaltitel:** Lip Mo Kwan Jing
**AKA:** "Devil Hunters", "Megaforce 2", "Ultra Force 2", "Red Force: Das Hongkong-Syndikat"…u.e.m.

In einem gut besuchten Freizeit-Park soll ein großer Drogendeal zwischen dem sogenannten Hongkong-Syndikat und der Golden-Triangle-Mafia über die Bühne gehen.
Blöd nur für die bösen Buben, dass die Polizei, rund um Madam Tong und Inspektor Tsang, einen anonymen Tipp bekommen hat und sich bereits mit reichlich Personal unter die Besucher gemischt hat, um alle Gangster auf einen Schlag dingfest zu machen; was allerdings am Auftauchen eine schlagkräftigen Fremden scheitert und in einer leichenreichen Scheißerei endet.
Während die zwei Cops sich durch die darauf folgenden Ermittlungen schießen und prügeln, geht es auch auf Seiten der Gangster heiß zur Sache, da sich zunächst beide Parteien gegenseitig die Schuld an dem geplatzten Deal zuschieben und nicht ahnen, dass da noch eine dritte Partei ihre Finger mit im Spiel hat.
…Was dazu führt, dass die Leichenberge, auf allen Seiten, immer größer und größer werden.

Gleich vorweg sei zur „Red Force"-Reihe mal gesagt, dass es eine solche nur in Deutschland gibt und diese (ähnlich, wie etwa die „Karate Tiger"-, oder die „Blood Cage"-Reihe) aus unterschiedlichen Filmen besteht, die meist inhaltlich in keiner Verbindung zu einander stehen; außer dass sie alle dem Fightig-Femes-Genre zuzuordnen sind und gelegentlich dieselben Darsteller auftauchen, wobei Teil 1, 2 & 4 im Original zumindest zur „In the Line of Duty"-Reihe gehören.

Die Übersicht erschwerend kommt noch hinzu, dass die einzelnen Filme international mit unterschiedlichen Titeln vertrieben wurden und gerade der hier besprochene „Lie mo qun ying" in Deutschland auch noch der „Ultra Force"- und „Megaforce"-Reihe zuzuordnen ist und sogar unter dem internationalen Titel „Devil Hunters" vertrieben wird. Alles klar?!

Worauf ich jedenfalls hinaus wollte: Man braucht die anderen Teile der Reihe(n) nicht für das Verständnis des Films gesehen haben, da es sich dabei um ein gänzlich eigenständiges Werk handelt, dass hier auch lediglich wegen des deutschen Erstveröffentlichungs-Titels als „Red Force 3" geführt wird.

Ob man nun den eigentlichen Film gesehen haben muss, bleibt jedem Filmfreund selbst überlassen; kennen sollte man ihn aber.

Zumindest wenn man auf bretterharte Krawall-Action ohne Pause (und Hirn) steht, bei der massig Blutbeutel geschrotet

werden und Fressen ständig Bekanntschaft mit den Füssen und Fäusten der Protagonisten machen.

Klar im Fahrwasser von John Woos „A Better Tomorrow" entstanden, versagt der generische Fighting-Femes-Reißer aus dem B-Segment zwar dabei die Eleganz und bittere Tragik seines Vorbilds zu kopieren -, oder gar eine anständige Geschichte zu erzählen, - liefert dafür aber brutalste Endlos-Action mit knochenharten Stunts -, die selbst der Zuschauer spüren dürfte; wenn er so will,- in purer Essenz. Gewürzt mit heftigen Gewalteinlagen, die spätestens bei einer wirklich derben und ausgewalzten Folterszene auch mal über die Grenzen des guten Geschmacks hinaus brettern. (Wenigstens erfährt der westliche Zuschauer dadurch, dass es in China offenbar menschenfressende Heuschrecken gibt).

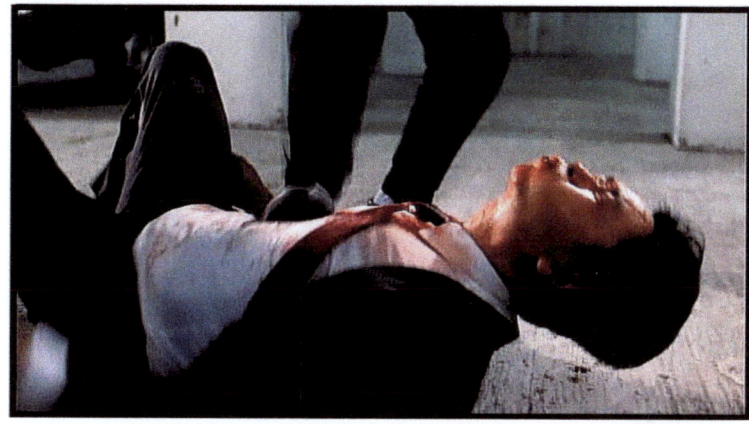

Inszenatorisch holt der im B- und C-Segment beheimatete Regisseur Lu Chin-Ku („Killer Angels", „Holy Virgin vs. The Evil Dead", „Bruce Lee – Sein

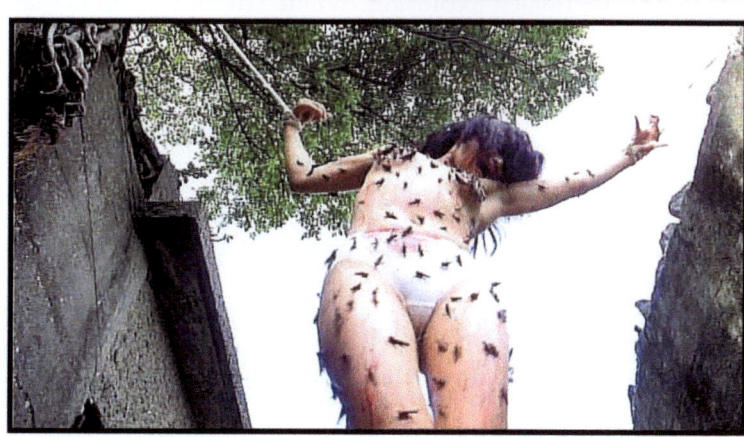

tödliches Erbe" u.v.m.) aus den kleinen Budget alles raus, was nur geht. Das Aufgebot der Statisten, die im Minutentakt über den Jordan gejagt werden, ist beachtlich und die Kulissen sind zwar ranzig, dafür aber zahlreich; und verleihen dem Film eine angenehm dreckige Atmosphäre.

Actiontechnisch gibt's neben den bereits erwähnten Stunts, Kloppereien und Shootouts (bei denen nahezu jedes Kaliber zum Einsatz kommt), auch einiges an Explosionen und eine ansprechende Motorboot-Helikopter-Verfolgungsjagd.
Also, ungefähr alles, was man sich von so einer Art Film wünscht. Einzig schade ist, dass auch hier des Öfteren die Unart zum Einsatz kam, bei den Action- und Kampszenen am Beschleunigungs-Regler zu drehen, um etwas mehr Tempo ins Geschehen zu bringen.

Was die Besetzung angeht, so kann die sich sehen lassen. Neben den beliebten Hong-Kong-Ikonen Sibylle Hu („China Heat", „Top Squad"u.v.m.) und Moon Lee („Iron Angels 1 – 3", „Fatal Termination", „Lady Hunter"), als Leading Ladys und Ray Lui („Project B", „Miracles") als Helferlein, darf Alex Man („Fatal Recall", „Heroic Brothers") als Polizeichef herumbossen und Francis Ng („Infernal Affairs 2", „Gen-X-Cops", „Raped by an Angel" u.v.m.) den Oberböswicht geben.
Ihre Arbeit machen alle anständig.
Und wie viel Körpereinsatz alle gezeigt und wie gefährlich die Stunts waren, zeigt spätestens am Ende des Films eine Schrifttafel auf, die darauf Hinweist, dass sich, bei einem Unfall in der finalen Explosion, Sybille Hu und Moon Lee schwerste Verbrennungen zugezogen haben.

**Zusammengefasst:** Ein billiger, dafür aber ultraharter Daueractionreißer mit guter Besetzung, einer angenehm dreckigen Atmosphäre, viel Gewalt und phantastischen Stunts.
Handlung, Story und Charakterzeichnung sind ohnehin überbewertet und in diesem Zusammenhang zu vernachlässigen. Fließbandware der besseren Sorte.

**FREIGABE UND ZENSURHINTERGRÜNDE:** Auf VHS nur in stark gekürzten 18er-Fassungen erschienen, folgten späte auch unzensierte (ungeprüfte) DVD-Veröffentlichungen. Allerdings auch radikal entschärfte 16er-Fassungen.

# Hello Mary Lou: Prom Night II

### Kanada – 1987

Weil Mary Lou, eben nicht nur heiß, sondern auch voll das Schlampenluder ist, wird sie, anno 1957 beim Abschlussball, von ihrem frisch gehörnten Ex-Freund Billy mit einer Stinkbombe versehentlich abgefackelt.
Ist doch klar, dass der Geist der extra knusprigen Ballkönigin, nach so einem Abgang, nicht in Frieden ruhen kann und über die Jahrzähnte hinweg in einem Kleiderkoffer im Schulkeller darauf wartet, um sich an den Nachkommen der dafür Verantwortlichen auf möglichst grausige Weise zu rechen…
30 Jahre später: Billy leitet mittlerweile die alte Schule als Direktor und sein Sohnemann Craig steht kurz vor dem Abschluss und den darauffolgenden Ball, mit seiner hübschen Freundin Vicky.
Die perfekte Chance für Rache-Geist Mary Lou, die nicht nur daran macht Craig´s Freundeskreis etwas auszudünnen, sondern auch noch Vicky als Wirt für sich auserkoren hat.

Zunächst sei mal zum ersten Teil, der knapp vier Filme und ein Hollywood-Remake umfassenden kanadischen Reihe, gesagt, dass es über den Film nicht allzu viel (Positives) zu sagen gibt.
Ein durch die Bank weg belangloser und sehr fader, im Fahrwasser von "Halloween" entstandener Revenge-Slasher, der, bis auf Scream-Queen Jamie Lee Curtis und Leslie Nilson (in einer ernsten Rolle), kaum bis nichts zu bieten hatte.

Kein Wunder also, dass es dann auch satte sieben Jahre gedauert hat, bis man sich des immerhin durch die Slasher-Welle bekannt gewordenen Titels wieder annahm. Dabei knüpfte man allerdings auch nicht an den ersten Teil an, sondern rebootete die Reihe grundlegend und versuchte es, abseits ausgetretener Slasher-Pfade, im eher fantasylastigen Geisterhorror- und Besessenheits-Genre.
Nicht ein Messer (respektive Axt) schwingender Killer, sondern der Geist einer getöteten High-School-Diva sollte diesmal den jungen Protagonisten nach dem Leben trachten. Lediglich die Rache-Thematik und der titelgebende Abschlussball wurden übernommen.

Stattdessen orientierte man sich deutlich an den ersten zwei "Nightmare on Elm Street"-Filmen und "Brain De Palma´s Verfilmung von Stephen Kings "Carrie"... Moment, "Orientiert" ist der falsche Begriff. Tatsächlich hat man sowohl stilistisch, als auch Inhaltlich geklaut was das Zeug hält.
Schaut man sich die drei eben erwähnten Filme vor dem Genuss von "Mary Lou - Prom Night 2" an, wird einem vor lauter Deja-Vu-Erlebnissen schwindelig.
Sei es Vicki´s fanatisch religiöse Mutter, ("Carrie"), die verstörenden Tagtraum-Sequenzen ("Nightmare"), die körperliche Besessenheit, samt "aus der Haut fahren" ("Nightmare 2"), das Finale beim Abschlussball inklusive Massenpanik ("Carrie"), die Duschraum-Szene ("Nighmare 2"), Kills via Telekinese ("Carrie") und das böse Ende im Auto ("Nightmare"); der Film ist ein einzige Mashup aus eben erwähnten Ideengebern.

Fairerweise muss man aber sagen, dass sich Drehbuchautor Ron Oliver ( u.v.a. "Gänsehaut - Die Stunde der Geister", "Beethoven und der Piratenschatz") -, der bei der direkten Fortsetzung "Prom Night 3 - Das letzte Kapitel" auch selbst Regie führen durfte,- redlich Mühe bei seinem Skript-Debüt gegeben und Einfallsreichtum beim re-kombinieren der entwendeten Zutaten bewiesen hat, so dass es dem eher unaufmerksamen Zuschauer zumindest nicht zu deutlich ins Gesicht springt. Auch kann man Oliver immerhin ein paar eigene Einfälle zugestehen.

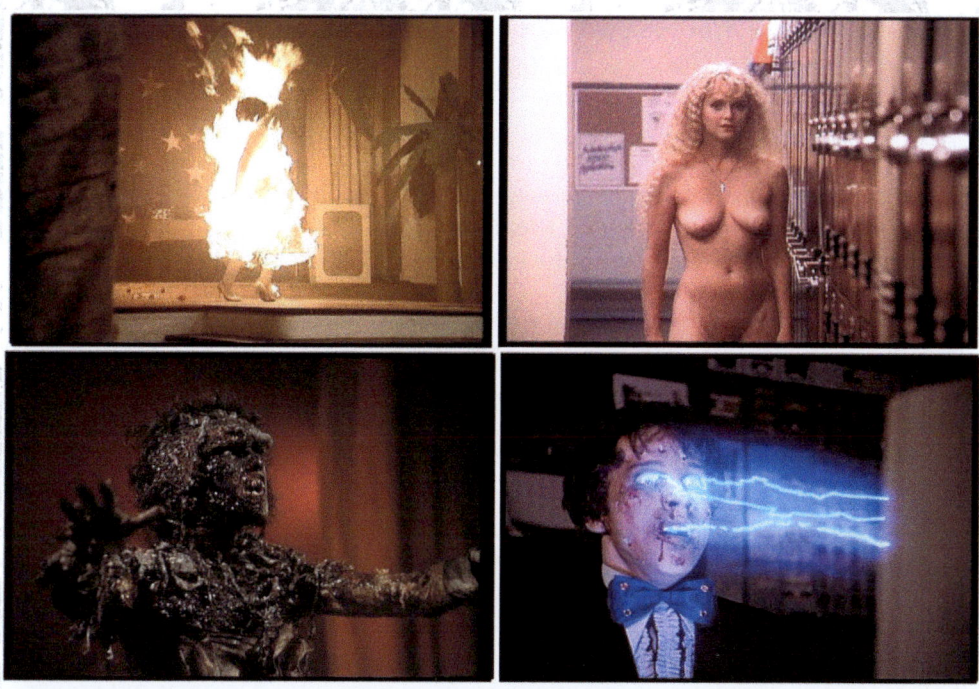

Zudem bewies Regisseur Bruce Pittman (u.v.a. "I.Q Runner", "Alien Tracker") Gespür für eine solide und atmosphärische Inszenierung.
Zwar kann der Film nicht ganz das Niveau seiner Vorbilder erreichen, bewegt sich inszenatorisch aber durchweg im höherwertigen B-Movie-Bereich, kann Spannung aufbauen und legt ein gutes Erzähltempo vor, so dass sich kaum Längen einschleichen. Gewürzt wird das Ganze mit ein paar netten, wenn auch nicht sonderlich expliziten Gewalt-Einlagen (wie etwa das Zerquetschen im Kleiderschrank, Tod durch Elektroschock, oder Verbrennen bei lebendigem Leib) und schicken Handmade-Effekten (Stichwort: Ponny).

Was die Besetzung anbelangt, gibt's (eigentlich) auch nicht großartig viel zu meckern, da hier einige (hauptsächlich aus dem TV) bekannte und brauchbare Gesichter den Cast durchziehen.
So ist Michael Ironside („Starship Troopers", „Total Recall"u.v.m.) immer eine Bank und erledigt seinen Job als D-Rex, besorgter Vater und Mary Lous schuldgeplagter Peiniger angenehm routiniert.
Schnuckelchen Lisa Schrage („Die Stunde der Ratte" u.v.m.) ist als Antagonistin Mary Lou pures Eye-Candy, hat aber hauptsächlich nur am Anfang und Ende des Films wirklich zu tun.
Mitunter die meiste Screentime verbringt der Zuschauer mit Wendy Lyon („The darkest Day", „Das Todeskomplott"), die zunächst als graue Maus in Gefahr und im späteren Verlauf als Mary-Lou-Wiedergängerin zu überzeugen weiß; und das sogar mit vollen Körpereinsatz.
Als ihr Freund und rebellischer Sohn des Rektors ist dann auch noch Louis Ferreira („Dawn of the Dead"-Remake, „The Lazarus Child"u.v.m.) der Vierte im Bunde. Auch über seine Leistungen gibt es nichts Negatives zu sagen.
Was man dem Cast hier lediglich vorwerfen kann, ist, dass hier alle Teen-Darsteller arg nach Ü20, bzw sogar Anfang 30 aussehen; was aber im Teen-Horror der 80er keine Seltenheit darstellt.

## Zusammengefasst:

Wenn die Floskel „Besser gut geklaut, als schlecht erfunden" irgendwo bestens zutrifft, dann ist es auf jeden Fall „Hello, Mary Lou – Prom Night 2".
Ein teils durchaus atmosphärischer und beizeiten auch spannender Revenge-Geister-Horror aus der Kommerz-Retorte, der durch seinen brauchbaren Cast und die solide Inszenierung zu überzeugen weiß.

**FREIGABE UND ZENSURHINTERGRÜNDE**: Zunächst ungeschnitten mit FSK:ab18 auf VHS veröffentlicht, wurde der Film alsbald indiziert.
Später folgte, nach der Listenstreichung, eine Neuprüfung, dank welcher der Film unzensiert eine 16er-Freigabe erhielt und so auch auf der DVD von Splendid zu finden ist.

# Der MONSTER-HAI

Italien / Frankreich – 1984

**Originaltitel:** Shark rosso nell'oceano
**AKA:** „Devil Fish", „Red Ocean", „Apocalypse dans l'ocean rouge"

> Vor der Küste Floridas stimmt etwas nicht.
> Eine unbekannte Kreatur zerstört Boote und knabbert ihren Besitzern gerne die ein, oder andere Gliedmaße ab.
> Dies ruft nicht nur den örtlichen Sheriff Gordon, die Meeresforscher Professor West, Dr. Stella Dickens und ihren Tontechniker Peter auf den Plan; sondern auch den stinkigen Killer Miller, der, für einen Genforschungs-Unternehmen, Jeden aus dem Weg räumt, der dem Ursprung des Monsters auch nur Ansatzweise auf die Schliche kommt.

Das italienische Kino hat, in seinem Drang erfolgreiche US-Konzepte zu kopieren und damit das schnelle Geld zu machen, schon so manch trashige Perle auf die weltweiten Kinogänger und Videothekenbelagerer losgelassen.
„Der Monster-Hai", gehört eindeutig nicht dazu.
Tatsächlich sind die einzig wirklich interessanten Aspekte des Streifens, dass hier, schon knapp 30 Jahre vor Roger Cormans „Sharktopus", Jemand auf die glorreich bekloppte Idee gekommen ist, einen Hai mit einem Tintenfisch zu kreuzen (obwohl das hier im Film dargestellte Wesen eher aussieht, als hätte eine Schildkröte ungeschützten Verkehr mit einem Oktopus gehabt) und sein (lascher) Verschwörungs-Plot, durch den der Film auch einen menschlichen Antagonisten besitzt und nicht alle Toten auf das Konto des titelgebenden Tantakelviechs gehen.
Ansonsten hat man es hier aber mit einem sehr mittelprächtigen und nur leidlich unterhaltsamen Hai-Film von der Spaghetti-Stange zu tun, wie es sie

im Fahrwasser von Spielbergs „Jaws" zu dutzenden (Ach, was! Zu hunderten!) gibt.

Routiniert runtergekurbelt wurde das Hai-Vehikel von Vielfilmer Lamberto Bawa („Blast Fighter – Der Exekutioner"), der u.a. ein Jahr später mit seinen berühmten „Dämonen"-Filmen zeigte, wie seinerseits eine schwungvolle Inszenierung mit Herzblut aussieht.
„Devil Fish" -, so der etwas passenderer internationale Titel, - fällt da eher unter die Kategorie Auftragsarbeit, und wurde dementsprechend saftlos umgesetzt.
Was die Schauspieler angeht, gibt es auf der Männerseite, neben Terence-Hill-Lookalike Michael Sopkiw ( u.a. „Amazonas – Gefangene des Dschungels", „Fireflash") als Helden, die Italo-Urgesteine William Berger („Keoma – Ein Mann, wie ein Tornardo" u.v.m), als Wissenschaftler, Gianni Garko („Graf Dracula in Oberbayern" u.v.m), als Sheriff, und den eher unbekannten und schnell wieder verschwundenen Paul Branco, als übergrimmiges Bösewichtelmännchen Miller.

Bei den Ladys wiederum gibt es Valentine Monnier (u.a. „Der Mann, mit dem stahlharten Blick") als Wissenschaftlerin und Bumshäschen, Iris Peynado („Metropolis 2000", „Iron Warrior" u.v.m), als Assistentin und Bumshäschen, und Dagmar Lassander („Frauen, bis zum Wahnsinn gequält" u.v.m) als böses Oberbumshäschen.
Ja, man merkt´s, „Monster Shark" ist einer dieser Filme, wo die Frauen nur zum Retten und begatten zu gebrauchen sind.

Für die oben genannten Schauspieler, ob nun männlich, oder weiblich, gilt, im Übrigen: Sie wirken doch allesamt irgendwie arg unterfordert, müssen sie doch meist nur erschrocken auf Monitore gucken, oder sich von Gummi-Tentakeln umarmen lassen, und viel dummes Zeug vor sich herplappern.
Verantwortlich für Letzteres waren im Übrigen, sage und schreibe, fünf (!) Autoren (+ Lamberto Bawa), die am Drehbuch herumfuschen durften. Darunter auch die Regisseure Luigi Cozzi („Astaron – Die Brut des Schreckens", „Dead Eyes", „Paganinin Horror" u.v.m.) und Sergio Martino („Fluss der Mörderkrokodile", „Insel der neuen Monster" u.v.m.). Schon echt erstaunlich, wenn man bedenkt, dass auch ein einziger Filmstudent für den Job gereicht, und es vielleicht sogar besser hinbekommen hätte.
Doch ganz so schlecht machen sollte man „Monster Shark" auch nicht. Mit seinem schmissigen Sythie-Score und etwas Blut und Titten an den richtigen Stellen, ist es ein leidlich unterhaltsamer Monster-Horror und Explotation-Snack für Zwischendurch. Nicht weniger, aber auch ganz bestimmt nicht mehr.


**Zusammengefasst:** Ein absolut generischer Hai/Monster-Film, der sich dank seines ausgefallenen Monsters und des Thriller-Plots inhaltlich etwas von der Masse abhebt; ansonsten aber nicht wirklich der Rede wert ist.
Kann man mal schauen, muss man aber nicht.

**FREIGABE UND ZENSURHINTERGRÜNDE**: Zunächst ungeschnitten mit 18er-Freigabe auf VHS veröffentlicht, folgte später eine Herabstufung auf FSK:ab16. Mit dieser Freigabe findet sich der Film auch ungeschnitten auf diversen DVD´s.

**USA - 1990**

**Deutscher Titel:** „Die Klasse von 1999"

Es ist das Jahr 1999 und der Staat ist mit der Jugendkriminalität so überfordert, dass ganze Schulbezirke als rechtsfreier Raum aufgegeben und zu sogenannten „Frei-Feuer-Zonen" erklärt wurden, wo die Polizei nichts zu melden hat, die Schüler in gepanzerten Bussen zum Unterricht gekarrt werden und schon ein kleiner Abstecher durch das falsche Viertel mit Maschinengewehr- und Granatwerferbeschuss enden kann.
Um der zunehmenden Verwahrlosung der Jugend entgegen zu wirken, setzt der finstere Dr. Forrest (dem man offenbar nicht nur den Vokuhila, sondern auch das Hirn gleich mitgebleicht hat) auf „künstlich geschaffene taktische Erziehungseinheiten", was nichts anderes bedeutet, als dass er drei schnieke eingekleidete Kampfandroiden, als Lehrer getarnt, auf die pöbelnden ADHS-Kackbratzen loslassen will.
Der erste Testlauf findet an der Kennedy High School in Seattle statt, wo die Vertretungs-Terminatoren sogleich beginnen die kleinen Scheißer auf rabiateste Weise zu „erziehen"; was nicht nur mit (buchstäblichen) Arschversohlen und gebrochenen Knochen, sondern auch schnell mit ersten Leichen einher geht.
Das wiederum geht dem schweren Jungen Cody gegen den Strich.
Der, frisch aus dem Jugendknast entlassen, wollte es eigentlich ruhiger angehen, sieht sich aber bald, als sein Freundeskreis plötzlich immer kleiner zu werden scheint, dann doch genötigt, mit seiner alten Gang und der süßen Streber-Tochter des Schuldirektors, gegen die Killer-Pauker in den Krieg zu ziehen…

Ob Mark L. Lester („Phantom Kommando", „Showdown in Little Tokyo" u.v.a. ) jemals das geringste Interesse daran hatte mit „Die Klasse von 1984" tatsächlich auf das marode Schulsystem und die (seit gefühlt 2000 Jahren stattfindende) Verrohung der Jugend hinzuweisen, darf mangels differenzierten Umgangs mit der

Gewaltthematik und der durchweg explotativen Ausrichtung des Films angezweifelt werden.

Ist aber auch eigentlich egal, wenn man bedenkt, dass der Herr Lester mit seinem fiesen und durchaus umstrittenen Schul-und-Selbstjustiz-Schocker einen genreprägenden Beitrag zum Thema Jugendgewalt abgeliefert hat, welcher (zumindest stilistisch) in Zukunft auch auf anspruchsvolle Gewaltstudien wie „187", Sozial-Dramen wie „Dangerous Minds", oder auch Actionthriller wie „Der Pricipal" und „Mörderischer Tausch" beeinflussen sollte.

Interessanter gestaltet sich die Frage, wie man einem so eng konzeptionierten Film (dank seines hohen kommerziellen Erfolgs) eine Fortsetzung spendieren kann, ohne sich der zwangsläufigen Konfrontation mit dem Erstling zu stellen, welcher ein in sich geschlossenes Werk darstellte und auch kaum Spielraum für ein Sequel lieferte; es sei denn, man sei eben bereit die ausgetretenen Pfade ein zweites Mal zu beschreiten.

Und hier ist Lester und seinem Drehbuchautor C. Courtney Joyner („Prison", „Die Nacht der Schreie" u.v.m.) ein echter Kunstgriff gelungen, indem sie jedes Risiko des Vergleichs umschifften und keine wirkliche Fortsetzung, sondern eine durchgeknallte, absolut überzeichnete, dystopische Sci-Fi-Horror-Persiflage, ablieferten und obendrein die Ausgangssituation des Erstlings umdrehen und pervertieren, indem sie aus den Lehrern nicht nur die Bösen, sondern gleich hochentwickelte Killerandroiden machten.

Letzteres dürfte aber auch dem Erfolg von Camerons „Terminator" geschuldet sein, welcher drei Jahre zuvor das Killer-Roboter-Genre revolutionierte und dessen Einflüsse in „Class of 1999" nicht von der Hand zu weisen sind -, ganz besonders im Finale.

Dass das daraus resultierende Derivat kaum ernst zu nähmen ist, dürfte auf der Hand liegen. Von der abstrusen Story mal abgesehen, ist Mark L. Lester auch kein Regisseur für feinsinnige Kost, sondern ein Experte fürs tumbe auf die Kacke hauen; beherrscht dort allerdings sein Handwerk (Experte eben!), befand sich zudem gerade (Ende der 80er bis Mitte der 90er) in der Blüte seines Schaffens und hatte, bei der Umsetzung seiner Filme, offenbar freie Hand.
Dementsprechend ist „Class of 1999" ein reaktionäres Trash-Feuerwerk auf allerhöchstem Spät-80er-Niveu; inklusive aller Trademarks, wie behämmert-poppiger Punk-Klamotten, comichaft-überzeichnete Gewalt und Action, feinste Handmade-Effekte und einem charmanten Sinn dafür Unterhaltungspotential über Realismus und Logik zu stellen.

Zudem ist der Film kein plump hingerotztes B-Movie für den Videothekenmarkt, sondern noch ein waschechter Blockbuster für die Lichtspielhäuser. Wobei diesbezüglich die Grenzen in den 80ern, manchmal fließend waren, wenn es um die eher explotativen Genre ging.

Jedenfalls sind dem Film die 5,2 Millionen Dollar angenehm anzusehen, die Kulissen sehen ordentlich aus, Action, Stunts und Effekte sind schön aufwendig, zuweilen sogar spektakulär, und die Besetzung kann sich, durchaus sehen lassen.

Zwar sind ausgerechnet die beiden Hauptdarsteller Bradley Gregg („Explorers", „Nightmare 3" u.v.m.) und Schnuckelblondchen Traci Lind (u.a. „Prom Night 2") nicht unbedingt das Gelbe vom Ei, werden mit ihren limitierten Rollen aber zu keinem Augenblick überfordert, da Letztere das Durchschnittsblondchen spielt und sonst alle anderen jungen Figuren als total überzeichnete Möchtegern-Gangster dargestellt werden und daher nach Belieben überspielen dürfen; was sie dann auch tun.

So lassen u.a. auch Darren E. Burrows (u.a. „Die Verdammten des Krieges"), Joshua John Miller (u.a. „Lost Boys"), Jason Oliver ( u.a „Joy Stick Heroes") und James Medina (u.a „Ermordet am 14. Juli") darstellerisch ordentlich die Sau raus.
Dies geht allerdings auch etwas zu Lasten der Spannung, da das Protagonisten-Kackbratzen-Lager herzlich unsympathisch ist.
Macht aber nichts, da man auf der Antagonisten-Seite, mit der Blaxlotation-Legende Pam Grier („Jacke Brown", „Fox Brown" u.v.a), Mr Psychoblick Patrick Kilpatrick („Alarmstufe Rot 2", „Last Man Standing" u.v.m.) und Miesepeter vom Dienst John P. Ryan („Death Wish 4", „Delta Force 2" u.v.m) ein paar der coolsten Killer-Androiden der Filmgeschichte serviert bekommt, die den Teens, mit jeder Menge Spielfreude und Hang zu Sadismus, in bester Slasher-Manier zu Leibe rücken und dazu auch noch herrlich stumpfe Einzeiler raus kloppen.

Überwacht werden diese vom, an Irrsinn grenzend skrupellosen, Rüstungsfirma-Futzi Stacy Keach („Body Bags", „Mike Hammer" u.v.m), der mit gebleichten Vokuhila und weißen Kontaktlinsen einfach zum Schießen aussieht.
Und zu guter Letzt gibt's da auch noch den großartigen Malcolm McDowell („Uhrwerk Orange", „Tank Girl"), der als ahnungsloser D-Rex arg unterfordert wird.

Doch was wäre ein gut besetzter Actionreißer, ohne anständige Action? Und hier wird eigentlich alles geliefert, was das Genre-Fan-Herz begehrt.
Blutige Einschüsse, gleich zwei Verfolgungsjagden (gecrashte Autos inklusive), aufwändige Explosionen und durch die Luft fliegende Stunt-Leute; alles schön schnörkel- und kompromisslos inszeniert, wie man es von dem guten Mark L. Lester gewohnt ist.
Dazu eine ordentliche Portion ruppiger Gewalt und Handmade-Effekten, gegen die selbst der (erste) „Terminator" ganz schön blass aussieht; wenn die Lehrer im Finale allerlei „Unterrichtswerkzeug", wie etwa Raketenwerfer, aus ihren Extremitäten herausfahren lassen.

**Zusammengefasst:**
Pädagogik trifft Terminator! Klingt nicht nur irre; sondern ist es auch.
Eine ebenso behämmerte, wie unterhaltsame Edel-Trash-Granate, der besonders hochwertigeren Art.

**FREIGABE UND ZENSURHINTERGRÜNDE**: Auf VHS nur zensiert erschienen und auch noch indiziert, folgten auf DVD auch (von Dragon und CMV Laservision ) diverse Uncut-Versionen

# CREATURES FROM THE ABYSS

**Italien – 1994**
Originaltitel: „Plankton"
AKA: „Piranha 4", „Creature dagli abissi"

Die fünf Dumpfbacken Mike (der Nerd), Bobby (der Superstecher), Magarethe (hat Möpse), Dorothy (hat auch Möpse) und Julie (Ja, auch mit Möpsen ausgestattet) unternehmen mit einem Schlauchbot einen kleinen Spaßtrip aufs offene Meer hinaus, ohne daran zu denken, dass ein Außenbordmotor für länger andauernden Betrieb immer mal wieder mit Treibstoff gefüttert werden muss.
Und so treiben sie schließlich weit vor der Küste Miamis hilflos vor sich hin und geraten dann, zu allem Überfluss, auch noch in einen Sturm, durch den das Gummiboot abzusaufen droht.
Nur gut, dass da plötzlich eine luxuriös eingerichtete, und offenbar verlassene Jacht am Horizont erscheint, auf der sich die Jungs und Mädels ins Trockene retten können.
Nicht so gut ist, dass das Schiff einen Fisch fickenden Wissenschafts-Zausel gehört und dort, durch verstrahltes Plankton mutierte und hochinfektiöse, Meeresviecher ihr Unwesen treiben.

Wenn es etwas gibt, wofür man das italienische Genre-Kino lieben sollte, dann ist es sein Hang zum unverhohlenen Wahnsinn, der mal mehr, mal weniger ausgeprägt zum Vorschein kam; unter der Oberfläche aber immer präsent war und nur darauf wartete durchzubrechen und auf das Hirn des unvorbereiteten

Zuschauers losgelassen zu werden.
Einen (letzten) Höhepunkt dieses losgelassenen Wahnsinns stellt „Creatures from the Abyss" dar, der es, im Jahr 1994, (pünktlich zum Zusammenbruch der italienischen Filmindustrie) noch einmal richtige Krachen ließ und in Trash-Gefilde vordrang, in denen noch nie zuvor ein Mensch gewesen war, und es auch nie sein wollte.
Ein Inferno an obskuren Ideen, schrägen Effekten und zelebrierten Schwachsinn, denn man gehört, gesehen und geschmeckt (mal an der DVD, oder der VHS, lecken) haben muss, um es zu glauben.
Im Ernst, die unvorbereitete Sichtung dieses, in der Sonne Miami´s gereiften Fischauflaufs gleicht dem Durchschreiten der Tore nach Oblivion und lässt den ungläubigen und vor Hirnschwund sabbernden Konsumenten darüber grübeln, ob ihm nicht gerade ein paar Makrelen-Eier im Kopf geschlüpft sind.
Dabei wird wohlgemerkt von einem nüchternen Kopf gesprochen; ein Zustand, denn man vor dem Konsum von „Plankton", des Selbstschutzes Willen, mit hochprozentigen Substanzen beheben sollte; sofern man nach dem Abspann wieder in die Realität zurückfinden möchte.

Doch kommen wir erst mal zu den nüchternen Fakten:
Wie bereits angedeutet, lag im Jahre 1994 die italienische Filmindustrie schwer angeschlagen am Boden und zuckte nach Luft schnappend, wie ein sterbender Fisch, vor sich hin.
Und trotzdem schaffte es Regisseur und Produzent Alvaro Passeri satte (oder auch magere) 250.000 Dollar für sein Regie-Debüt zusammen zu kratzen, um das Drehbuch eines obskuren Richard Baumann zu verfilmen, dessen filmische Vita, von dem Buch abgesehen, einzig eine Rolle in einer Serie in den 50ern aufweist.
Möglicherweise handelt es sich bei Baumann aber auch nur um ein Pseudonym, damit in den Credits nicht der Eindruck erweckt wurde, dass Passeri die Rolle der heiligen Dreifaltigkeit (Regisseur, Produzent, Autor) einnahm.

Ordnung in das -, übrigens von „The Thing" inspirierte, - Script hat, nebenbei bemerkt, ein gewisser und sogar noch mysteriöserer John Blush gebracht, bei dem man sich auch nicht wirklich sicher sein kann, dass der Mann tatsächlich existierte, obwohl er an einer Vielzahl unterschiedlichster Filme mitgewirkt haben soll (ohne tatsächlich in den Credits gelistet worden zu sein). Alles sehr seltsam.
Aber (!) nicht mal ansatzweise so seltsam, wie das Drehbuch an sich und die vielen Ideen, die es beherbergt.
Das fängt schon mit der Location an, die aussieht, wie ein Edel-Thai-Puff mit angeschlossenem Drogen-Labor. Ok, dafür könnte man dem -, offenbar an einem Neon-Lampen-Fetisch erkrankten, - Ausstatter die Schuld geben.
Aber, es ist doch irgendwie schwer zu glauben, dass ein Set-Designer allein auf eine sprechende Duschkabine kommt, die ihre Benutzer zur Selbstbefriedigung animiert. Von der dauerquatschenden Wanduhr (die ein entfernter Vorfahre der Red Queen aus der ersten „Residen Evil"-Verfilmung zu sein scheint) ganz zu schweigen.
Dazu kommen u.a auch Sachen wie, (bitte die folgenden Zeilen laut vorlesen) ein fischfickender Zausel-Professor, eine aus einem Hintern geschlüpfte, sprechenden Makrele

mit Krebsscheren, ein allsehendes Spanner-Fischauge, dass klingt wie ein asthmatischer Triebtäter, Vagina-Kaviar und ein von Geisterhand durch die Gegend fliegender Kampf-Fisch. Und das sind nur ein paar Highlights des Hirnwände zerfetzenden Blödsinns, der über den Bildschirm ins heimische Wohnzimmer schwappt.

Aber auch auf rein erzählerischer Ebene gibt es Haufenweise Unzulänglichkeiten, wie etwa, eine geradezu transparent dünne Handlung, oder dass jede Exposition durch den supernerdigen Hauptcharakter Mike stattfindet; was nicht nur schnell lächerlich wirkt, sondern auch nervt, wie juckender Fußpilz in der Arschritze.
Was aber auch irgendwie egal ist und auch nicht großartige auffallen dürfte, da ohnehin jeder der Charaktere im Film ne Dumpfbacken-Knalltüte vor dem Herren ist und Verhaltensweisen an den Tag gelegt werde, die man selbst dann nicht glaubt, wenn man sie mit den eigenen Netzhäuten gesehen hat.

Von den sogenannten Darstellern, die offenbar vom Laien-Strich direkt zum Set gekarrt wurden, hat übrigens einzig die bezaubernde Schnuckelnase Sharon Tworney (u.a. „The Smile of the Fox", „Capri") so etwas wie eine Schauspiel-Kariere vorzuweisen und durfte nach „Creatures from the Abyss" auch wieder vor eine Kamera träten. Der Rest wurde (zurecht) nie wieder in der Nähe eines Filmsets gesehen.
OK, ganz korrekt ist das auch nicht: Wird doch der Professor mit der Vorliebe sein Stäbchen in Fisch zu stecken, von niemand Geringeren als Deran Sarafian verkörpert. Welcher sich, neben einer bescheidenen Schauspielkarriere (u.a. „Zombi 3", „Gunmen"), besonders als Regisseur („Mit stählerner Faust", „Tödliche Geschwindigkeit") einen echten Namen gemacht hat. Hier durfte, er mit peinlicher Zausel-Perücke, die meiste Zeit seiner Screentime herum zittern und unzusammenhängendes Zeug vor sich hin brabbeln, oder gleich nur komische Laute machen.
Letztlich fand wohl auch selbst Herr Sarafian seinen Auftritt so peinlich, dass er seinen Namen aus Vor- und Abspann entfernen ließ.

Um nochmal auf die Unzulänglichkeiten des Drehbuchs zurück zu kommen: Trotz extremer Schwachsinns-Dichte und einem Nichts an Handlung, bleibt es nicht aus, dass sich, besonders in der Mitte, ein paar Längen eingeschlichen haben, wodurch der Film erst zum Finale hin richtig zu Potte kommt. Dafür bekommt der geplagte Zuschauer bis dahin ein bizarr beklopptes Dinner und eine der unerotischsten 90er-Sex-Szene geboten, die jemals auf Zelluloid gebannt wurden.

Wo übrigens vom Finale die Rede ist: Cutter Peter Jones („China White"…Ja, mehr hat der auch nicht gemacht) empfand es offenbar als guten Einfall, am Anfang die vorangegangenen Geschehnisse auf dem Bott, dadurch darzustellen, in dem er kurze Szenen aus dem späteren Verlauf des Films reinschnitt. Das sieht nicht nur drollig aus, sondern führt auch schnell zu logischen Brüchen, da das Boot bei Eintreffen der vier Protagonisten lediglich verlassen, aber nicht verwüstet ist.

Positiv anzumerken -, und der Grund, wieso „Creatures from the Abyss" zumindest für Trash-Fans eine spaßige Angelegenheit sein kann, - ist, dass der Film zumindest technisch ganz solide umgesetzt wurde.

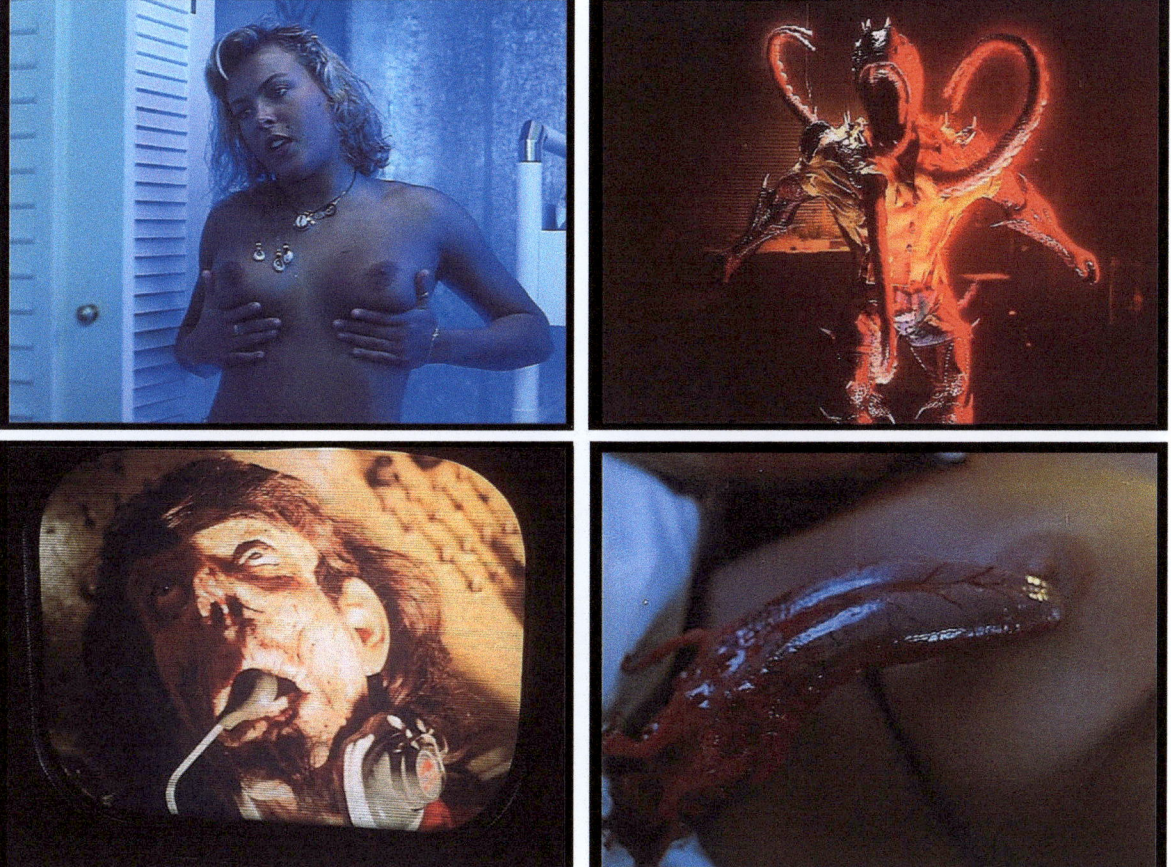

Die Cinematographie eines gewissen David Williams (wurde nach „Plankton" auch nie wiedergesehen) ist dynamisch und einfallsreich; und lässt den Schinken auf den ersten Blick teurer wirken, als er ist.
Auch die eingekauften (zwei) Musikstücke sind ganz passend und unterstützen die schummrige Stimmung des Streifens.
Abrundend gibt es obendrauf den nötigen Schuss Titten und Gore.
Wobei der Gewaltgrad selbst vergleichsweise niedrig ist; wenn auch zumindest eine Tentakel-Vergewaltigung gegen Ende relativ brutal rüberkommt.
Stattdessen wird eher auf schleimige Ekelszenen gesetzt.
Effekttechnisch wird übrigens vorwiegend auf Handarbeit und Claymation gesetzt, was meist aber eher charmant lustig, als überzeugend wirkt. Spaßig ist es -,auf unfreiwilliger Ebene, - allemal.

**Zusammengefasst:** „Creatures from the Abyss" ist die ranzige Fischstäbchen-Version von „The Thing", mit Dumpfbacken Besatzung/Besetzung.
Ein in Neon-Licht getauchtes, geradezu geisteskrankes Stück Gammelfilm, dass sich zu allem Überfluß auch noch absolut ernst nimmt und gerade dadurch auch auf eine verquere Art einen riesen Spaß macht, sofern man sich darauf einlassen kann und es will.
Dass ein Großteil der Beteiligten danach offenbar für immer im Bermuda-Dreieck verschwunden sind, ist weder verwunderlich, noch besonders schade.

**FREIGABE UND ZENSURHINTERGRÜNDE**: In Deutschland von jeher ungeschnitten mit FSK:ab16-Freigabe erschienen und so auch auf VHS und DVD vertreten.

**USA – 1993**
Originaltitel: Infested
AKA: „Ticks"

Der unter Angstzuständen leidende Tyler wird zusammen mit einer Hand voll weiterer Problem-Kids, in die Obhut der Therapeuten Holly und Charles für ein paar Tage in die Wälder geschickt, um dort ihre Sozialkompetenz aufzupolieren. Machen den Kids anfangs lediglich der Mangel an Fernsehempfang und die spießigen Aufseher zu schaffen, so ist dies schnell vergessen, als klar wird, dass die Pestizide der örtlichen Hanf-Farmer dazu geführt haben, dass die Zecken in der Gegend auf die Größe ausgewachsener Meerschweinchen mutiert sind und sich über alles her machen was einen Puls hat.
Und wäre das nicht schon genug, dann sind da auch noch zwei besonders garstige Vertreter der lokalen Drogen-Industrie, die gar nicht drüber erfreut sind, dass da Teenager durch ihre ganz besonderen Kräutergärten gestolpert sind.

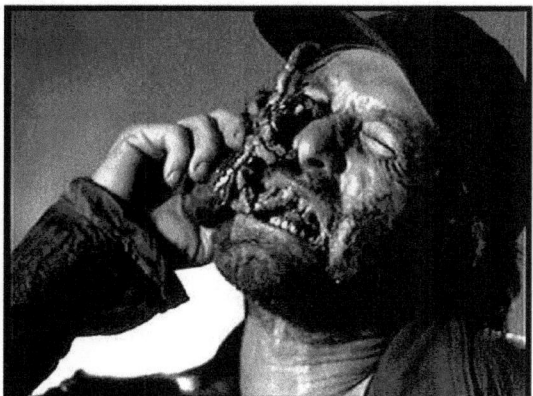

Och ja, was hat das Subgenre des Tierhorrors nicht schon alles an -, ebenso ekligen, wie auch fieses, - Kriechviechern hervorgebracht?
Große und kleine Killerameisen („Formicula", „Phase 4"), große und kleine Killerspinnen („Tarantula", „Arachnophobia"), große Killermosquitos („Mosquito", „Skeeter") und sogar normalgroße Killerschnecken („Slugs") haben sich schon auf gemacht die Herrschaft des Menschen zu beenden und eben Jenem das Fleisch von den Knochen zu nagen; oder, um zumindest den urinstinktiven Eckel des Zuschauers zu bestätigen und somit für Horror zu sorgen
Klar, dass sich da auch irgendwann mal Zecken anboten. Sehen die lästigen Parasiten doch nicht nur wie (die ohnehin nicht sonderlich beliebten) Spinnen aus, saugen sie auch noch Blut und neigen dazu sich in der Haut ihrer „Gastgeber" einzunisten, ohne danach freiwillig das Feld zu räumen.
Schon in der natürlichen Version also alles andere als angenehme Zeitgenossen, wurden diese dann auch noch, den Regeln des Horrors folgend, chemisch aufgepimpt; weshalb sie im hier besprochene Werk deutlich größer und flinker daherkommen, als es sonst die Norm ist.
Ganz und gar der Norm und den Konventionen des klassischen Tierhorrors entsprechend gestaltet sich dagegen der Aufbau und die Handlung von „C2 – Killerinsect", der kaum ein Genre-Klischee (inklusive fickriges Pärchen und leicht abgewandelter Autopsie-Szene) auslässt, die blutgierigen Mistviecher natürlich auf blutjunge Teenager loslässt und für alle Fälle, als weitere Bedrohung, zwei menschliche Antagonisten ins Geschehen wirft, die einem Backwood-Psycho-Baukasten entsprungen zu sein scheinen.
Das mag zwar nicht sonderlich kreativ sein, funktioniert im hier vorliegenden Fall aber bestens und macht die Krabbler-Invasion zu einer durchaus unterhaltsamen und spannenden Angelegenheit.
Dies liegt aber auch daran, dass bei „Ticks" Tony Randal („Hellraiser: Hellbound", „Fist oft he North Star") auf dem Regiestuhl saß, und zwar noch zu der Zeit (Ende der 80er bis Mitte der 90er), als er mit akzeptablen Budgets arbeiten durfte und Herzblut bei der Sache war. Zudem wachte B-Movie-Meister Brain Yuzna als ausführender Produzent über die Produktion.
So punktet der Film dann auch mit einer überdurchschnittlichen und atmosphärischen Optik, guten Production Values, schön schleimigen Handmade Effekten von der K.N.B-FX Crew („The walking Dead") und einer anständigen Besetzung; allen voran Alfonso Ribeiro, der zu seinem Carlton-Weichei-Image aus der „Prinz von Bel-Air" abstand nähmen wollte, und daher mal ordentlich auf dicke Klöte machte.
Ansonsten gibt's da auch noch, unter anderen, 90er-Jahre-SuperMILF Rosalind Allen („Kinder des Zorns 2", „Seaquest"), einen noch jungen Seth Green („Die Killerhand", „Holydays"), Schnuckelnäschen Nr. 1 Amy Dolenz (u.a.

„Pumpkinhead 2", „Wichboard 2"), Schnuckelnäschen Nr. 2 Virgina Keehne (u.a. „The Dentist"), die durch die Handlung dackeln dürfen und NichtSoSchnuckelnäschen Clint Howard („Ice Cream Man", „Carnosaurus" u.v.m), als lebender Zecken-Inkubator.

Härtetechnisch bewegt sich „C2 – Killerinsect" übrigens auf einem soliden, mittleren Level. Es gibt zwar die ein, oder andere, etwas herbere Effekt-Szene; doch insgesamt bleibt der Bodycount relativ niedrig und auch ein kleiner Schuss Ironie lockert die Grundstimmung immer wieder etwas auf.

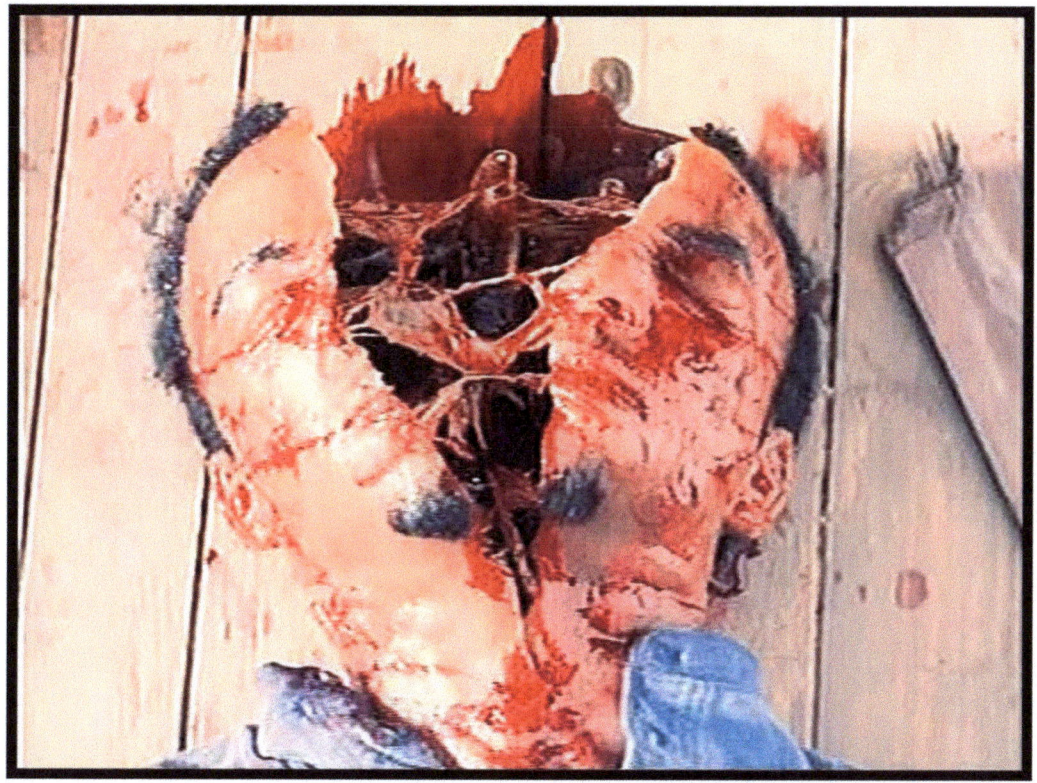

**Zusammengefasst:** Ein unterhaltsames und zuweilen spannendes Tierhorror-Vehikel, auf gehobenen B-Movie-Niveau, mit guter Besetzung und anständigen Effekten. Für Fans des gepflegten Tierhorrors mit Ekel-Einschlag ein echtes Pflichtfilmchen.

**FREIGABE UND ZENSURHINTERGRÜNDE**: In Deutschland von jeher ungeschnitten mit FSK:ab16-Freigabe erschienen und so auch auf VHS und DVD vertreten.

USA - 1988

Nachdem sie zwei Juwelen-Räuber mit deutlich mehr Blei als gewöhnlich vollpumpen mussten und sich einen gehörigen Anschiss vom Chef eingehandelt haben, stehen die zwei Hardcore-Cops, der spießig-adrette Roger Mortis und der draufgängerische Sprücheklopfer Doug Bigelow, vor dem wohl mysteriösesten Fall ihrer Laufbahn; hatten die toten Räuber doch offenbar schon einmal in der Leichenhalle eingecheckt und hätten eigentlich noch irgendwo in einem der Kühlfächer lagern müssen.
Ihre Ermittlungen führen sie zu dem Konzern Dante, wo es eine Maschine gibt, mit der man Leichen zu neuem Leben erwecken kann und sie sogleich von einem besonders garstigen Untoten angegriffen werden, wodurch Mortis schließlich zu Tode kommt.
Zwar wird der von Bigelow sogleich wiedererweckt; doch schreitet der Verfall seines Körpers weiter voran, weshalb den beiden Cops nur noch zwölf Stunden Zeit bleiben, um den Fall aufzuklären und die Hintermänner dingfest zu machen.
Diese schicken in der Zwischenzeit immer neue untote Killer los.

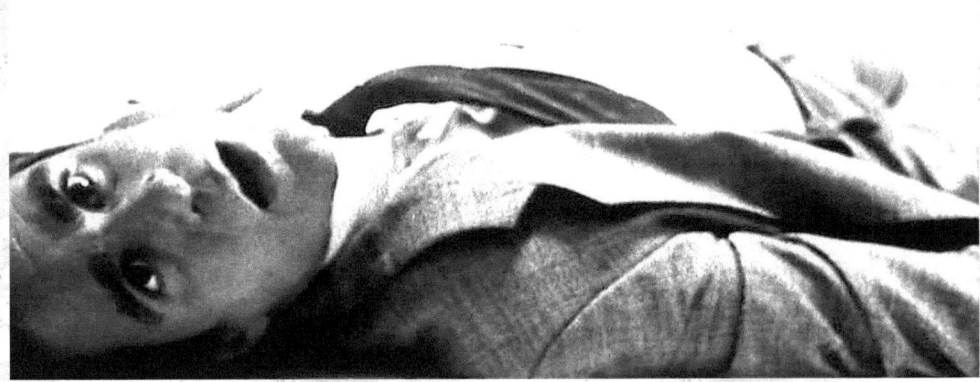

1988, also knapp ein Jahr nachdem „Lethal Weapon" in den Kinos das Genre des Buddy-Movies auffrischte, entstand dieser kleine Bastard aus Kumpelactioner und Zombiehorror, dem der Geist der 80er aus jeder auch so kleinen Pore tropft und für jeden Freund gepflegter Trash-Unterhaltung ein wahres Fest ist.
Wuchtige Action, massenweise platzende Blutbeutel und Copfilm-Klischees, doofe Sprüche, ein solider Härtegrad, gut eingestreute Handmade-Effekte und viel Selbstironie, garantieren einen launigen Abend in bierseliger Runde unter Gleichgesinnten.

Obendrauf gibt gibt's dann auch noch herrlich bekloppte Ideen wie ein Zombie-Tier-Aufstand im China-Restaurant, makabre Gags rund um das Untoten-Dasein von Cop Mortis und im Finale einen bedepperte Vincent Price, der sich zu der Zeit am Tiefpunkt seiner Karriere befand.
Und dabei ist das Ganze (sofern man mal den gewollten Verzicht auf Realismus ignoriert) sogar relativ spannend, was auch daran liegt, dass im letzten Viertel der lockere Tenor weitestgehend über Bord geworfen und es dann auch etwas düsterer zur Sache geht, wobei der Film dann Stimmungstechnisch ein Bisschen an den thematisch ähnlichen, aber viel ernsteren „Tot und begraben erinnert".

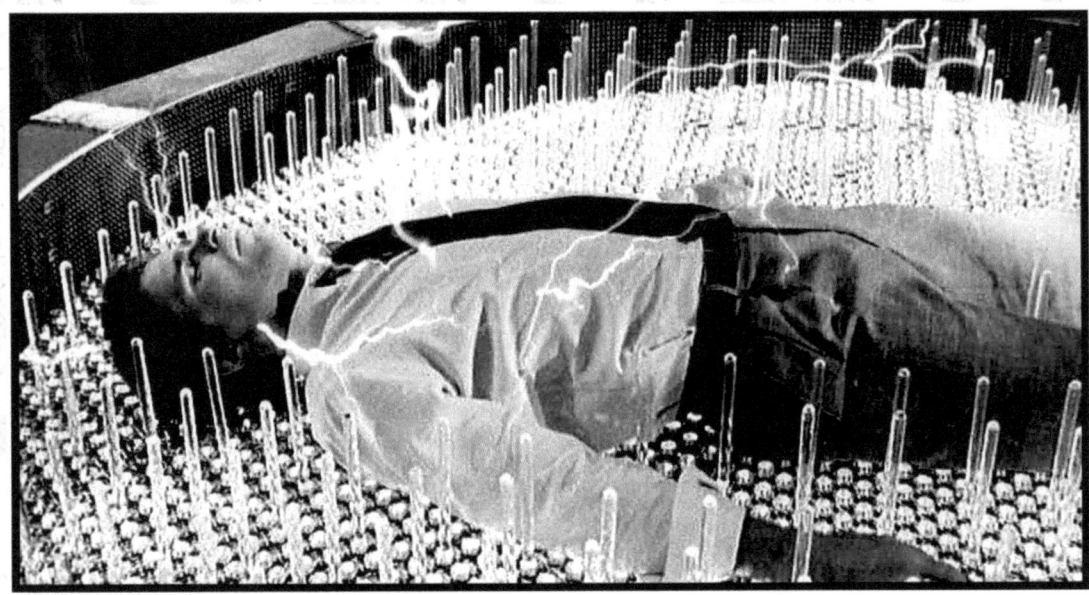

Umso verwunderlicher ist da, dass Regisseur Mark Goldblatt, ein Jahr danach, mit der ersten Realverfilmung vom „The Punisher" mit Dolph Lundgreen seinen letzten Spielfilm inszenieren durfte; zumal an seinem Langfilm-Debüt „Dead Heat" handwerklich absolut nichts auszusetzen ist und das Ding rasant bis zum, geschickt beim „Terminator" (bei welchem Goldblatt übrigens als Editor tätig war) abgekupferten, - Finale vor sich hin poltert, ohne das auch nur einen Augenblick Langeweile aufkommt.
Hier gebührt aber auch den beiden unglaublich sympathischen Hauptdarstellern Treat „Mr.Nice" William („Mörderischer Tausch 2 bis 4", „Octalus – Tod aus der Tiefe" u.v.m.) und Joe Piscopo (u.a. „Sidekicks") ein Teil der Ehre, die sich gut gelaunt und (hohle) Onliner klopfend durch den gesamten Film ballern.
Aber auch den beiden Ladys im Bunde, Lindsay Frost („Monolith", „Trauma" u.v.m) und Claire Kirkonnell („Playmaker – Masken der Begierde"),

kann man weder Taten-, noch Lustlosigkeit vorwerfen.
Ansonsten gibt's da noch Allzweckwaffe Darren McGavin („Das Schlitzohr", „Der City-Hai" u.vm.), als oberfieser Bösewicht, und Nerd-Liebling Robert Picardo („Star Treck: Voyager" u.v.m.) in einer Minirolle.
Absoluter Star des Film, sind aber die durchgegarten und absolut angriffslustigen Zombie-Tiere, deren Auftritt allein schon (zumindest) die Leihgebühr rechtfertigt. Wo sonst bekommt man Peking-Enten, ein Spanferkel, einen Rinder-Torso und eine Leber (?!!) die gemeinschaftlich zum Angriff blasen?

**Zusammengefasst:** Herrlich sinnbefreite, schön gewalttätige und einfallsreiche Zombie-Action-Komödie -, irgendwo zwischen „Lethal Weapon", „Re-Animator" und „Tot und begraben", - mit jeder Menge lockeren Sprüchen und abgefahrenen Einfällen.
…Habe ich schon die Zombie-Tiere erwähnt?

**FREIGABE UND ZENSURHINTERGRÜNDE:** In Deutschland von jeher ungeschnitten mit FSK:ab18-Freigabe erschienen, folgte kurz darauf die Indizierung der VHS.
2004 folgte schließlich die Listenstreichung und der Film ist mit der alten Freigabe ungeschnitten auf DVD und Blu Ray verfügbar.

# CHILDREN OF THE CORN III
## URBAN HARVEST

**USA – 1995**
**Deutscher Titel:** Kinder des Zorns 3: Das Chicago Massaker

> Die Brüder Eli und Joshua werden, nach dem brutalen Tod ihres Vaters, von dem Ehepaar Porter, aus dem beschaulichen Gatlin in Nebraska, ins urbane Chicago adoptiert.
> Was weder die Porter´s, noch Joshua ahnen, ist, dass der stramm religiöse Eli von „Dem der hinter den Reihen geht" besessen ist und den unliebsamen Vater zur Vogelscheuche verarbeitet hat.
> Während sich also Joshua neue Freunde sucht und mit den Teenager-Annehmlichkeiten des Großstadtlebens vertraut macht, züchtet sich Eli, in einer maroden Lagerhalle hinterm Haus, ein Maisfeld heran, bringt allerlei mögliche Störenfriede um die Ecke und rekrutiert sich, dank magischer Kakerlaken im Eintopf der Schulkantine und wilder Prädichten, eine Anhängerschaft für seinen Killerkult heran.
> Einzig D-Rex und Priester Frank Nolan ahnt, dass da was im Mais…ahm…Busch ist.

Oh ja, die Filme rund um Stephen Kings zornige Kinder (wobei es ja im Original eigentlich die „Kinder des Mais" sind; klingt nur eben etwas bedeppert), sind schon ne Klasse für sich. Mittlerweile umfasst die Reihe satte acht Teile und eine 2009er-Neuverfilmung des Kabelsenders Syfy, zu der (Stand: Septemeber 2016) auch eine Fortsetzung von John Gulager in Arbeit ist.
Und einzig eben erwähnte Neuverfilmung kann man dann tatsächlich als vorlagegetreu bezeichnen; wobei sich aber zumindest der aller erste Film von 1984 auch noch in groben Zügen an Stephen Kings gleichnamige Kurzgeschichte orientierte und Teil 2 eine echte Fortsetzung war, auch wenn die Geschichte dort schon immer abstrusere Züge annahm (Stichworte: giftiger Schimmelpilz, Indianermythen) und man sich bereits mehr auf möglichst kreative Morde fokussierte, als den Spannungsaufbau.
Der hier nun besprochene dritte Teil stellt den vollständigen Bruch mit der Vorlage und (fast) jeder Kontinuität der Reihe dar.

Zudem rückt der Film deutlich von seinen im bodenständigen Slasher-Genre verwurzelten Stil ab und orientiert sich an den, Anfang der 90er sehr beliebten, eher fantasylastigen Effektgewittern wie etwa „Hellraiser 3", oder „Walock: The Armageddon" und bedient sich zudem kräftig bei „Das Omen".
Da sind dann Story und Handlung dementsprechend eher Nebensache und nicht groß der Rede wert. Die Geschichte nimmt nur noch rudimentär Bezug auf die Vorgänger und dichtetet einfach mal einen weiteren, an den Haaren herbei gezogenen, „Twist" zur Mythologie der Trilogie hinzu, dem nach Teufelsbratze Eli schon bei den Ereignissen in Gatlin die Fäden aus dem Hintergrund zog und eine Verbindung zu einem magischen Buch hat.

Die Handlung selbst folgt den üblichen Mustern: Wehrend der diabolische Eli im Geheimen seine Mais-Apokalypse vorbereitet und, per Zaubertricks, jeden umbringt, der ein Hindernis darstellt, kommt ihn der Adoptivbruder Joshua (ja, welch Wunder, Eli war schon zuvor adoptiert worden) plötzlich auf die Schliche und es kommt schließlich zum Showdown zwischen den Beiden. Dabei braucht man sich übrigens auch keine Sorgen um die mögliche Tragik des Themas „Bruderzwist" zu machen, da es nicht mal angeschnitten wird; was auch daran liegt, dass die holzschnittartigen Charaktere allesamt für sowas wie Drama gar nicht geeignet sind.
Das dürfte auch Regisseur James D. R. Hickox (u.a. „Blood Surf", „Blumen des Bösen") bewusst gewesen sein, weshalb der sich bei seinem Regiedebüt daher vornehmlich auf eine atmosphärische, gelegentlich sogar alptraumhaft-surreale Bildsprache und die möglichst spektakuläre Darstellung der Goreszenen konzentrierte. Angelernt und unterstützt von seinem Großen Bruder Anthony Hickox („Hellraiser 3", „Waxwork" u.v.w), welcher auch als Darsteller am Set zugeben war, kann man die Bemühungen dann auch, zumindest weitestgehend, als gelungen Bezeichnen. So sticht die Inszenierung, dank visueller Finessen und gut eingesetzten akustischen Spielereien deutlich aus der Masse schnell herunter gekurbelter B-Movies heraus; was die „urbane Ernte" dann auch tatsächlich sehenswert macht.

Der zweite Punkt, der für „Children oft he Corn 3" spricht, sind die zahlreichen, ebenfalls sehr kreativen und effektreich umgesetzten Tötungs-Szenen, bei denen es zuweilen schön derbe zugeht.
Da werden Gesichter zugenäht, oder geschmolzen, Gliedmaßen und Köpfe (samt Wirbelsäule) ausgerissen, von Kakerlaken befallene Schädel zerbrechen, Menschen verbrannt und von Wurzeln durchbohrt. Alles noch schön altmodisch mit viel Latex und Kunstblut umgesetzt, so dass Gorehounds definitiv auf ihre Kosten kommen.

Allerdings darf an dieser Stelle auch nicht verschwiegen werden, dass spätestens im Finale auch die Trash-Fans ordentlich verwöhnt werden.
Sind die Effekte bis dahin nahezu perfekt, so wollte man es am Ende nochmal ordentlich krachen lassen und lies erstmals „Den, der hinter den Reihen schreitet", als gigantisches

Monster, an die Erdoberfläche; was sich (gelinde gesagt) dann leider zu einer unfreiwillig komischen Angelegenheit entwickelt. Denn, davon mal abgesehen, dass das Ding aussieht wie eine Missgeburt aus Nacktmull und Wurzelgemüse; ist es, zu allem Überfluss, auch wirklich sehr bescheiden getrickst und ins Bild kopiert.
Und spätestens, wenn der Maisgott eine der Figuren hochhebt und man deutlich erkennt, dass da eine umgepimpte Barbie-Puppe zwischen seinen Krallen rumzappelt, dann applaudiert das Trash-Herz vor Begeisterungsstürmen!

Was die Besetzung angeht, muss man zwar nicht unbedingt applaudieren; resignieren muss man aber auch nicht.
So kann sich der vor allen Dingen aus „Fearless" bekannte Daniel Cerny, als dämonischer Hassprediger Eli, durchaus mit seinen Vorgängern aus den anderen Teilen messen und auch sein Konterpart Ron Melendez („Wild Thins 3" u.v.m), als Jushua, zieht seine einfach gestrickte Rolle ohne große Aussetzer durch.
Dann gibt es da noch TV- und B-Movie-Allzweckwaffe Jim Metzler („Phantom Town", „Spaceshift" u.v.m), als typischer 90er-Jahre-Yuppie-Dad, die reizende Nancy Lee Grahn („Spuren der Vergangenheit", „California Clan" u.v.m.), als verzweifelnde Housewife, und den charismatischen Michael Ensign („Haus über Kopf", „Falcon Crest" u.v.m.) als hilfloser Priester, die ihr Bestes geben, um ihre eindimensionalen Rollen ein Minimum an Leben einzuhauchen.

Und dann gibt's da noch die schnuckelige Marie Morrow („Die Playboy-Falle". „Dead Men on Campus" u.v.m) als karamellfarbene Nachbarstochter, die dann auch mal im BH im Bild zu sehen ist. ...Wobei es aber leider beim BH bleibt und im Film letztlich keine einzige Titte zu bewundern ist. (Spontaner Kritikpunkt)

**Zusammengefasst:** „Kinder des Zorns 3" ist ein zuweilen atmosphärisches und durchaus charmantes B-Movie mit reichlich Blut, angenehmen Härtegrad und vielen tollen, und einigen richtig schlechten Effekten.
Kein Meisterwerk, aber eine durchaus vergnügliche Angelegenheit und besser als ein Großteil der übrigen „Children of the Corn"-Filme.

**FREIGABE UND ZENSURHINTERGRÜNDE**: In Deutschland nur stark geschnitten mit FSK:ab18 auf VHS veröffentlicht, wurde diese Fassung obendrein auch noch indiziert. Später folgt von Best Entertainment eine (fast) unzensierte Version auf DVD. Mittlerweile gibt es den Film komplett ungeschnitten, zusammen mit Teil 1 und 2 im Mediabook, auf Blu Ray. Die Indizierung besteht fort.

## Bild-Quellen der Screenshots:

**Nack und Zerfleischt** – DVD, Blood Edition ©Laser Paradise
**Snake Eater** – DVD © NSM Records
**Carnosaurus** – DVD, Special Uncut Edition © Carol Media / Screen Power
**Red Force 3** – DVD © Laser Paradise
**Hello Mary Lou: Prom Night II** – DVD © Splendid
**Der Monster-Hai** – DVD, Bad Animals Collection © Marketing Film
**Die Klasse von 1999** – DVD © CMV Laservision
**Creatures from the Abyss** - DVD, Bad Animals Collection © Marketing Film
**C2 – Killerinsect** – DVD, Mutant Collection ©WGF
**Dead Heat** – DVD © Paragon
**Kinder des Zorns 3** – DVD, Special Uncut Version 1-3 ©Best Entertainment

## Informationsquellen und Anregungen:
Wikipedia.org
Imdb.com
Ofdb.de
HandleMeDown.de
Flimflausen.de
1000MissSpendHours.com
Retro-film.info

### IMPRESSUM:
**Autor:** Andreas Port
**Herausgeber:** Adrian Majewski
**Verlag und Herstellung:** BoD - Books on Demand, Norderstedt
**ISBN:** 9783741270994
**Auflage:** 2

## UNTERSTÜTZT DURCH:
**The walking Dead Germany** (Zu finden auf Facebook) & **DRIVE RADIO – Der Old-School-Radio-Sender** (Driverdardio.be)